세상에 대하여
우리가
더잘 알아야 할
교양

35

지은이 | 옮긴이 | 감수자 소개

지은이 **앨리슨 라쉬르**

역사, 시사, 과학, 지리 등 다양한 분야에 걸쳐 100권이 넘는 저서를 발간했습니다. 저서로는 《메이플라워호의 항해(The Voyage of the Mayflower)》 《바다의 제왕(Lords of the Sea)》 《그 소식 들었니?(Did You Hear the News?)》 《폭풍추적자(Storm Tracker)》 등이 있습니다.

옮긴이 **이현정**

서강대학교에서 영어영문학과 심리학, 서울대학교 대학원에서 인지과학을 공부했습니다. 미국에서 약학대학원을 다니던 중 번역의 세계에 뛰어들어 맥쿼리 대학교 통번역 석사를 마친 후 통번역사로 일하고 있습니다. 주요 역서로는 《상위 1%가 즐기는 창의수학퍼즐1000》 《뉴 비타민 바이블》 《옷장 심리학》 《브레인 트러스트》 등이 있습니다.

감수자 **이상현**

동국대학교 경찰행정학과를 졸업하고 동 대학원에서 법학 박사 학위를 취득했습니다. 현재 동국대학교 경찰행정학과 명예교수로서 다양한 대외 활동을 하고 있습니다. 한국 경찰 학회장, 한국 범죄 심리 학회장, 한국 공안행정 학회장, 법무부 범죄 피해자 보호 위원 경찰 위원 등 다방면에서 활동했으며, 저서로는 《범죄심리학》 《소년비행학》 등이 있습니다.

세상에 대하여 우리가 더 잘 알아야 할 교양

앨리슨 라쉬르 글 | 이현정 옮김 | 이상현 감수

35

폭력 범죄

어떻게 봐야 할까?

내인생의책

차례

※ 본문의 **굵은 글씨**로 표시된 단어는 103쪽 용어 설명에서 찾아보세요.

최근 대구에서는 한 중학생이 같은 반 친구들에게 상습적으로 폭행을 당해 스스로 목숨을 끊는 사건이 있었습니다. 가해 학생들은 피해 학생을 구타하고 땅에 떨어진 과자 부스러기를 주워 먹도록 강요했습니다. 심지어 물고문을 하고 금품을 갈취했습니다. 견디다 못한 피해 학생은 자신이 살던 아파트 옥상에서 뛰어내렸습니다. 가해 학생들은 피해 학생에 대한 폭력 행위로 인해 징역형을 선고 받았습니다.

대부분 폭력 사건의 가해자들은 폭력 문제의 심각성을 잘 인지하지 못합니다. 특히 어린 학생일수록 더욱 폭력의 심각성을 이해하지 못합니다. 대구 중학생 사건의 가해자들도 피해 학생의 고통에 대해 전혀 공감하지 못했습니다. 다른 사람의 아픔에 공감하지 못하거나, 자기 안의 분노를 합리적으로 조절하지 못해서, 혹은 내면의 상처 때문에 사람들은 범죄를 저지릅니다. 폭력 범죄는 인간의 나약함 때문에 생겨납니다.

인간은 불완전한 존재입니다. 질투심과 증오심, 사소한 오해나 다른 사람에 대한 공감 능력 부족 때문에 때로는 돌이킬 수 없는 실수를 저지르기도 합니다. 불완전성으로부터 자유로운 사람은 없습니다. 바로 이러한 인간의 불완전성 때문에 폭력 범죄 문제는 인류에게 있어 영원히 풀리지 않는 숙제일 것입니다.

그러나 인간은 언제나 빛을 따라서 살아왔습니다. 정의로운 희망을 향해 걸어왔지요. 우리에겐 정의가 있기 때문에 불완전성을 극복해낼 수 있습니다. 여러분의 작은 노력이 바로 그러한 정의를 가능하게 합니다.

오늘도 폭력 범죄는 우리 곁을 맴돌고 있습니다. 우리가 알아차리지 못하는 사이에 수많은 사람이 폭력 범죄의 상처로 인해 고통 받습니다. 폭력 범죄로 말미암아 생기는 고통은 피해자와 가해자를 가리지 않습니다. 그렇기 때문에 우리는 눈을 똑바로 뜨고 폭력 범죄에 멍든 사람들의 고통을 제대로 바라보아야 합니다. 그렇지 않으면 정의로운 사회를 만드는 일은 먼 나라의 일이 됩니다.

정의로운 사회를 만들기 위해서는 폭력 범죄의 위험성에 대해 분명히 알고 있어야 합니다. 그리고 올바른 해결책을 구하기 위해 사회 구성원들이 다함께 고민해 보아야 합니다. 이 책은 그러한 점에서 도움을 줍니다. 일단 이 책은 범죄 예방에 대한 다양한 입장을 차근차근 설명해 줍니다. 독자는 이 책을 통해 가장 적절한 범죄 예방책이 무엇인지 스스로 생각해 볼 수 있습니다. 이 책을 읽고 나면 여러분 스스로 우리가 지켜야 할 정의가 무엇인지 자연스럽게 깨닫게 되리라 생각합니다. 이 책을 통해 청소년 여러분이 정의로운 빛을 따라 사는 사람으로 자라길 기원합니다. 청소년 여러분에게 일어나는 작은 변화가 우리 사회를 더 밝고 안전한 미래로 안내한다고 굳게 믿습니다.

이상현 동국대학교 경찰행정학과 명예교수

들어가며 : 폭력 없는 안전한 세상을 위하여

1987년 8월, 영국 헝거포드의 조용한 마을에서 끔찍한 사건이 일어났습니다. 평화롭던 마을에 어느 날 갑자기 총성이 울려 퍼지기 시작했어요. 거리는 순식간에 아수라장이 되었습니다. 한 남자가 사람들을 향해 무차별로 총을 난사하고 있었지요. 남자의 이름은 마이클 라이언이었습니다. 마이클은 눈에 띄기만 하면 아무에게나 마구 총을 쏘아댔어요.

마이클의 총에 맞은 사람 중에는 아이들도 있었습니다. 마이클의 어머니도 사망한 채 발견되었지요. 경찰이 출동해 총격을 저지하려고 했지만 쉽지 않았습니다. 진압 과정에서 경찰관 한 명이 총에 맞아 사망했어요. 경찰은 마을 근처 학교에 마이클을 가까스로 몰아넣고 포위했습니다. 그러나 마이클은 경찰에 붙잡히기 직전 스스로 목숨을 끊었습니다. 이 사건으로 16명이 사망하고 15명이 부상을 당했지요. 이 사건은 지금까지도 영국 국민들 사이에서 지독한 학살 사건으로 회자되고 있습니다.

오늘날 인터넷이나 텔레비전 뉴스에서는 폭력 범죄에 관한 기사가 매일 쏟아져 나옵니다. 이러한 뉴스를 접하다 보면 우리가 사는 세상이 폭

헝거포드의 택시 한 대가 담요로 덮여 있다. 택시 안에는 마이클 라이언의 총에 맞은 시신 한 구가 들어 있다.

력으로 가득 찬 것 같은 착각마저 들어요. 너무나도 끔찍한 사건 소식을 자주 들어서 어지간한 폭력 범죄 소식에는 무심해질 지경입니다.

폭력 범죄에 대처하는 자세

우리가 실제로 폭력 범죄를 목격하거나 경험하는 일은 흔치 않습니다. 더욱이 최근 통계에 따르면 전 세계적으로 폭력 범죄의 발생률은 점차 감소하는 추세라고 합니다. 극소수의 사람만이 폭력 범죄를 경험하는 셈이지요. 세상을 떠들썩하게 만들고 사람들의 흥미를 유발하는 사건을 집중적으로 보도하는 언론 탓에 우리는 폭력 범죄에 실제보다 더 큰 위협을 느끼고 있는지도 모릅니다.

하지만 폭력 범죄가 흔히 일어나지 않는다는 말이 폭력 범죄가 아예 일어나지 않는다는 뜻은 아닙니다. 우리 중 누군가는 폭력 범죄의 희생양이 될 수 있습니다. 따라서 폭력 범죄에 대한 예방책을 세우는 일은 꼭 필요하지요. 한국은 물론 세계 여러 국가가 폭력 범죄를 줄이기 위해 다양한 대책을 강구하고 있어요. 총이나 칼, 마약의 소지를 법으로 금지하는 강도 높은 대비책부터 캠페인이나 약물 상담, 갱생 프로그램처럼 생활에 밀착된 대비책까지 그 종류도 다양하지요.

안전한 세상에서 살 권리

우리에게는 안전한 세상에서 살 권리가 있습니다. 밤거리를 거닐거나 잠시 집 앞에 나갈 때조차 언제 폭력 범죄의 희생자가 될지 몰라 두려움에 떨 수는 없어요. 하지만 폭력 없는 안전한 세상을 만드는 일은 그리 쉽지 않습니다. 정부와 민간단체, 개인의 끊임없는 관심과 노력이 필요하지요.

그렇다면 안전한 세상에서 살 권리를 지키기 위해 우리가 무엇을 할 수 있을까요? 일단 폭력 범죄에 대해 제대로 아는 것이 그 시작이라고 할 수 있을 거예요. 폭력 범죄에 대해 미리 잘 알아두는 것만으로도 범죄를 예방할 수 있고, 나아가 범죄에 더 현명하게 대처하는 힘을 기를 수 있을 테니까요. 우리 스스로 안전한 세상에서 살 권리를 지키고자 할 때 세상이 비로소 조금씩 변화한다는 사실을 기억해야 합니다.

우리의 작은 실천이 모이면 우리 주변이 움직이고, 그렇게 실천된 힘이 지역 사회와 국가를 움직일 수 있습니다. 그러기 위해서는 우리의 실천이 어떤 방향으로 나아가야 하는지부터 치열하게 고민해야 합니다.

이 책에서는 세상에 존재하는 다양한 폭력 범죄의 유형을 정리하고 각 국가가 폭력 범죄에 대응하는 방법을 살펴볼 것입니다. 더불어 우리 주변에 도사리고 있는 폭력 범죄를 예방하는 최선의 방법을 알아보고, 세상 사람들이 폭력 범죄에 대응하는 방식이 정말 옳은지도 고민해 봅시다. 여러분이 이 책을 손에서 놓을 때쯤이면 아마 세상이 조금은 더 평화로운 곳이 되어 있겠지요? 그럼 이제부터 세상을 더 행복하게 만드는 아름다운 고민을 시작해 봅시다.

폭력 범죄는
왜 일어날까요?

폭력 범죄가 발생하지 않는 곳은 없습니다. 세상 어디를 가도 폭력 범죄와 관련된 소식을 듣게 마련이지요. 강도와 폭행, 심지어 강간까지 우리가 사는 세상에는 수많은 종류의 폭력 범죄가 존재합니다. 이렇게 끔찍한 폭력 범죄는 왜 일어나는 걸까요?

인터넷에 접속하거나 텔레비전을 켜면 폭력 범죄에 대한 뉴스가 쏟아져 나옵니다. 물론 우리가 사는 장소에 따라 뉴스 내용은 모두 다르겠지요. 폭력배가 일으킨 칼부림 사건일 수도 있고 마약과 관련된 폭력 사건이나 무장 **강도** 사건일 수도 있어요. 폭력 범죄가 발생하지 않는 곳은 없습니다. 세상 어디를 가도 폭력 범죄와 관련된 소식을 듣게 마련이지요. 강도와 폭행, 심지어 강간까지 우리가 사는 세상에는 수많은 종류의 폭력 범죄가 존재합니다. 이렇게 끔찍한 폭력 범죄는 왜 일어날까요? 폭력 범죄 없는 안전한 세상은 상상조차 할 수 없는 걸까요?

여의도 흉기 난동 사건

2013년 8월 서울 여의도 거리에 칼을 든 남자가 나타났습니다. 거리는 업무를 마친 회사원들로 붐볐어요. 남자는 거리의 인파 속에서 직장 동료였던 조 씨와 김 씨를 발견하고 그들에게 다가갔어요. 남자는 그들에게 칼을 휘둘렀고, 두 사람은 비명을 질렀습니다. 사람들은 남자가 칼을 가지고 있다는 것을 알아채고 남자를 뒤쫓기 시작했습니다. 남자는 자신의 앞을 가로막는 시민들에게 무차별적으로 칼을 휘둘러 부상을 입혔어요. 다행히 남자는 그 자리에서 시민들에게 붙잡혀 검거되었습니다.

남자는 회사를 그만두고 고시원을 전전하며 사는 자신의 처지를 비관하고 있었습니다. 경찰에게 "모든 일이 나를 뒤에서 험담했던 직장 동료들 때문이라고 생각해서 복수하고 싶었다."고 증언했지요. "일면식도 없는 행인을 다치게 한 점은 뉘우친다."고도 사죄했습니다.

폭력 범죄의 원인

살인이나 강간, 구타와 같이 타인에게 신체적 **상해**를 입히거나 위협을 가하는 범죄를 '폭력 범죄'라고 합니다. 앞서 살펴본 여의도 흉기 난동 사건과 같이 흉기를 동원해 남을 해하는 행동도 폭력 범죄의 범주에 들어가지요. 폭력 범죄가 일어나는 원인에는 여러 가지가 있어요. 경제적인 어려움이나 원한 관계, 가정 내 불화, 정신 질환, 사소한 말다툼에 이르기까지 원인은 다양합니다.

하지만 폭력 범죄는 그중 단 하나의 원인에 의해서만 발생한다고 확정하기 힘듭니다. 여의도 사건의 경우처럼 두 가지 이상의 원인이 복합적으로 작용하는 사례가 훨씬 많지요. 여의도 사건의 범인인 김 씨는 자신이 겪고 있던 경제적인 어려움을 이전 직장의 동료들 탓으로 돌렸습니다. 미워하는 사람을 불쑥 찾아가 스스럼없이 칼을 휘둘러 살해하려 했다는 점에서 정신 질환을 의심해 볼 수도 있을 거예요. 직장 내 따돌림 문화가 사건을 촉발했다는 점에서 사회적 원인까지 짚어낼 수도 있지요.

이렇듯 폭력 범죄의 원인은 다양하고 복합적입니다. 어느 하나로 섣불리 규정짓기는 힘들지요.

폭력 범죄의 영향력

오늘날 우리는 폭력 범죄의 홍수 속에서 살고 있어요. 텔레비전 뉴스에서부터 영화, 드라마, 게임에 이르기까지 폭력 범죄를 다루는 매체가 너무나도 많습니다. 이렇게 수많은 범죄 사례에 매일 노출되다 보면 끔찍한 사건이 당장 나에게도 일어날 것만 같은 불안감에 휩싸이지요. 반대로 매일매일 전해지는 잔혹한 범죄 소식 때문에 웬만한 사건에는 별로 놀라지 않을 정도로 둔감해지기도 합니다.

가정에서 흔히 사용하는 펜치와 스패너 같은 공구도 무시무시한 무기가 될 수 있다. 이 물건들은 영국 경찰이 컴브리아 주의 주민에게서 압수한 것이다.

그렇다면 여의도 흉기 난동 사건 같은 무서운 범죄가 과연 우리에게
도 일어날 수 있을까요? 실제로 일상생활 중에 폭력 범죄를 보거나 겪는
일은 흔히 일어나지 않습니다. 우리가 뉴스에서 접하는 폭력 범죄는 놀
라울 정도로 잔인하지만 그만큼 드물게 일어나는 사건인 경우가 많지요.
폭력 범죄의 희생자는 대부분 지극히 운이 나빴던 사람들입니다. 대부분
의 사람은 평생 동안 한 번도 겪지 않을 큰일을 겪은 사람들이지요.

　　하지만 폭력 범죄는 우리 모두에게 영향을 줍니다. 폭력 범죄는 여전
히 어딘가에서 일어나고 있고, 우리의 일상 곳곳에 영향을 주지요.

　　혹시 폭력 범죄가 나오는 전혀 상관없는 이야기라고 여겨지나요? 그
렇다면 자신에게 질문해 봅시다. 학교 창문에 **방범창**이 설치되어 있나
요? 공공건물에 들어갈 때 **보안** 검색대를 통과해 본 적이 있나요? 우리
가 무심히 지나치는 이러한 보안 장치는 바로 폭력 범죄의 위협 때문에
생겨났답니다.

전문가 의견

어떤 사회든 범죄는 존재하고, 거기에는 그럴 만한 이유가 있다.

— 로버트 케네디 미국의 정치인

폭력 범죄의 증가율

통계에 따르면 국제 테러 사건을 제외한 일반 폭력 범죄 사건은 해마다 발생률이 줄어들고 있다고 해요. 전 세계적으로 폭력 범죄가 점차 감소하는 추세라는 말이지요. 미국의 경우 1990년대 이후 폭력 범죄가 계속해서 줄어들었다고 합니다. 우리가 태어났을 때부터 지금까지 세상은 꾸준히 안전한 곳으로 변해 온 셈이지요.

한국의 범죄 발생률은 2008년 최고치를 경신한 뒤로 꾸준히 하락세를 보였어요. 2012년 범죄율이 소폭으로 증가했지만, 그것은 절도와 같은 생계형 범죄의 증가 때문이었습니다. 살인과 강간 같은 폭력 범죄는 꾸준히 줄어드는 추세지요. 한국은 연간 폭력 범죄 발생 건수가 200만 건 이하로 유지되고 있어 다른 국가와 비교했을 때 범죄 발생률이 상당히 낮은 편입니다. 범인 검거율도 80퍼센트에 달하지요. 전 세계적으로 봤을 때 한국은 비교적 치안이 잘 유지되는 나라에 속합니다.

하지만 범죄가 줄어들었다는 말이 범죄가 완전히 사라졌다는 뜻은 아닙니다. 지금 이 순간에도 수많은 사람과 **지역 사회**, 공동체가 폭력 범죄를 줄이기 위한 투쟁을 벌이고 있습니다. 그러한 투쟁이 폭력 범죄의 비약적인 감소를 가져다 준 것이겠지요.

폭력 범죄의 예방

폭력 범죄가 줄어들고 있다고는 하지만 폭력 범죄의 위험은 여전히 우리 주변에서 사라지지 않았습니다. 폭력 범죄를 획기적으로 줄이려면 우선 폭력 범죄가 일어나는 근본적인 원인을 제대로 알아야 합니다. 앞서 살펴보았듯이, 폭력 범죄가 일어나는 원인은 매우 다양하고 복잡합니다. 그 다양한 원인 중에 어느 한 가지를 제거한다고 해서 폭력 범죄가 사라지는 것은 아니지요. 폭력 범죄를 효과적으로 줄이기 위해서는 다양한 범죄의 원인을 해결하기 위한 다각적인 노력이 필요합니다.

가난 때문에 발생하는 폭력 범죄를 줄이기 위해서는 **사회 안전망**을 확충해야 하고, 열심히 일한 사람이 경제적인 어려움을 겪지 않게끔 제도적인 도움을 주어야겠지요. 집단 따돌림 같은 사회 문화적 원인에 의한 폭력 범죄를 줄이기 위해서는 사람들의 의식이 개선되어야 합니다. 이웃의 따뜻한 관심을 촉구하는 **캠페인**을 벌인다거나 집단 심리 상담 프로그램을 개설할 수도 있어요.

CCTV(Closed Circuit Television) 설치나 불심 검문 같은 범죄 감시 정책을 사용할 수도 있습니다. 이러한 범죄 감시 정책은 범인 검거율을 높이거나 범죄 발생을 예방하는 데 탁월한 효과가 있기 때문에 여러 나라에서 우선 고려하는 **해결책**입니다. 그러나 이러한 정책은 범죄 예방 효과가 탁월한 만큼 초상권 침해나 사생활 침해 같은 커다란 문제점을 함께 가지고 있어서 사회적인 논란이 끊이지 않아요. 그래서 이러한 정책을 적용할 때는 인권 침해가 일어나지 않도록 각별히 조심해야 하지요.

사람들은 우리가 살고 있는 세상에서 폭력 범죄를 완전히 몰아내기 위해 갖가지 노력을 기울입니다. 그러나 우리 모두가 폭력 범죄를 막기 위한 예방책에 지속적인 관심을 기울이는 일이 무엇보다 중요하지요. 이러한 개인의 관심은 그 어떤 캠페인이나 정책보다 더 큰 힘을 발휘할 테니까요.

찬성 VS 반대

가난은 범죄의 뿌리가 아니다.

- 러시 림보 미국의 정치평론가

중산층의 안정된 삶이 범죄와 폭력을 예방한다.

- 마이클 무어 미국의 시민운동가 겸 영화감독

간추려 보기

- 폭력 범죄란 살인이나 강간, 구타와 같이 타인에게 신체적 상해를 입히거나 위협을 가하는 범죄를 통틀어 말한다. 폭력 범죄는 두 가지 이상의 원인이 복합적으로 작용해 발생하는 경우가 많다.
- 폭력 범죄를 효과적으로 줄이기 위해서는 범죄의 다양한 원인들을 해결하기 위한 다각적인 노력이 필요하다.

2
CHAPTER

학교를 위협하는
폭력 범죄

학교는 다른 어떤 곳보다 가장 안전해야 할 장소입니다. 많은 학생이 모여서 긴 시간을 함께 지내야 하는 학교라는 공간의 특성상 폭력 범죄가 일어나면 그 피해가 걷잡을 수 없이 커지기 때문이지요. 그런데 우리가 다니는 학교는 과연 안전한 공간일까요?

<big>학교</big>는 우리가 하루 중 가장 많은 시간을 보내는 장소입니다. 친구들과 함께 공부하는 일상적인 생활 공간이지요. 그래서 학교는 다른 어떤 곳보다 가장 안전해야 할 장소입니다. 많은 학생이 모여 긴 시간을 함께 지내야 하는 공간이기 때문에 폭력 범죄가 일어나면 그 피해가 걷잡을 수 없이 커지니까요. 그런데 우리가 다니는 학교는 과연 우리의 생각만큼 안전한 공간일까요?

두 건의 교내 총기 사건

2007년 11월 7일, 핀란드 투술라 시의 요켈라 고등학교 학생들은 여느 때처럼 학교생활을 하고 있었습니다. 점심시간이 다 됐을 때 학생들의 귀에는 복도에서 울려 퍼지는 총소리가 들려왔어요. 당시 18살이었던 페카-에릭 우비넨이 무차별적으로 반자동 권총을 쐈던 것입니다. 이 일로 학생 6명과 양호 선생님, 교장 선생님이 사망했고 부상자만 12명이 발생했어요. 경찰은 화장실에서 자신의 머리에 총을 쏜 우비넨을 발견했습니다.

그 뒤 일 년이 채 지나지 않은 2008년 8월 21일, 미국 테네시 주의 센트럴 고등학교에서는 막 개학식이 시작되고 있었습니다. 당시 학생들은 학생 식당에 모여 있었고 그들 중 라이언 맥도널드와 자마 실러라는 두 남학생이 말다툼을 시작했어요. 그러던 중 갑자기 맥도널드가 가슴을 움켜쥐고 비틀거렸습니다. 맥도날드는 피를 흘리고 있었지요. 실러가 우발적으로 발사한 총에 맞았던 것입니다. 실러는 그대로 줄행랑을 쳤어요.

식당은 학생들로 가득했습니다. 워낙 시끄러웠던 터라 총소리를 들은 사람은 거의 없었지요. 그로부터 채 한 시간도 지나지 않아 의사는 맥도널드에게 사망을 선고했어요. 실러는 살인죄로 체포되었지요. 당시 두 학생의 나이는 15살이었습니다.

요켈라 고등학교와 센트럴 고등학교에서 벌어진 두 사건은 언뜻 보면 공통점이 없어 보입니다. 우비넨은 예의 바른 학생이었고 가정 환경도 안정적이었지요. 반대로 실러는 **경범죄**로 얻은 전과 기록이 있었고, 가정불화를 겪으며 자란 학생이었습니다.

통계에 따르면 가정에서 폭력과 불안을 경험한 사람은 그렇지 않은 사람보다 폭력적으로 변할 확률이 높습니다. 이는 사람들이 폭력 범죄를 일으키는 이유를 설명하는 이론 중 하나지요. 이 이론은 자마 실러 사건의 원

페카-에릭 우비넨은 범행 몇 시간 전에 총기 난사를 예고하는 동영상을 유튜브에 올렸다.

인을 파악하는 데는 확실히 도움이 됩니다. 하지만 우비넨의 사례에서 알수 있듯 학교에서 폭력 범죄 사건을 일으킨 학생이 전부 가정 내 폭력에시달려 온 것은 아닙니다.

집단 따돌림

사건을 일으킨 두 학생들 사이에는 공통점이 하나 있습니다. 바로 집단 따돌림을 당했다는 점입니다. 집단 따돌림처럼 과도한 스트레스를받는 상황에 특히 취약한 사람이 있습니다. 자신이 약하다고 생각하거나 자기 상황을 스스로 통제할 수 없다고 느끼는 사람은 폭력을 사용하기 쉽지요. 그들은 무기를 손에 쥐면 상황을 자기 마음대로 할 수 있다는 자신감을 얻습니다. 다른 이들이 자신을 우러러볼 것이라고 믿기도하지요.

학교 내 폭력 범죄 사건은 대개 가정이나 학교에서 발생하는 여러 요인이 복합적으로 작용해 일어납니다. 그렇기 때문에 학교 내 폭력 범죄사건이 일어나는 정확한 이유를 파악하기란 어렵습니다. 원인 파악이어렵기 때문에 사람들을 더 두렵게 하지요.

전문가 의견

전기 의자가 아니라 존중받는 사람의 높은 의자가 범죄를 해결한다.

– J. 에드가 후버 전 미 FBI 국장

교내 총기 사건 때문에 학교가 생각보다 위험한 곳이라고 생각할 수도 있겠지만 사실 학교는 대체로 안전하다. 1992년 이후 미국에서 총기 사건으로 사망한 학생 수는 전체 학생 수의 1퍼센트 미만이다. 더욱이 한국의 경우 총기소지 자체가 불법이기 때문에 외국처럼 대규모 사상 사건이 일어나기는 힘들다. 그렇다고 해서 학교와 사회가 안전 문제를 신경 쓰지 않아도 된다는 뜻은 아니다. 학생들 역시 두려움에 떨며 학교생활을 할 필요는 없지만 안전 문제에 대해 경각심을 가져야 한다.

학생의 흉기 소지

학교 내 폭력 범죄에 대해 이야기할 때는 칼을 이용한 폭력 범죄에 주목해야 합니다. 아동이나 십대 청소년은 칼을 사용한 폭력 범죄를 많이 저지르기 때문입니다. 칼을 소지하고 다니는 사람은 주로 19세 전후의 남성이라는 통계가 있지만, 6세나 7세 아동으로 그 연령이 대폭 낮아지는 경우도 있지요. 칼을 가지고 다니는 아동이나 청소년의 공통점은 가난인 경우가 많습니다. 현재 가난하고 앞으로도 크게 형편이 나아질 것 같지 않은 아동이나 청소년이 칼을 휴대하는 경향이 높지요.

가장 중요한 질문은 '왜 칼인가?'입니다. 답은 간단합니다. 가격이 싸고 구하기도 쉽기 때문이지요. 이를테면 아무리 어린 학생이라도 집에 있는 부엌칼을 그다지 어렵지 않게 학교에 가져갈 수 있지요. 미국에서는 자동으로 날이 튀어나오는 칼의 휴대가 불법이지만 이런 종류의 칼은 사람들이 많이 찾는 인기 제품입니다. 가게에서 직접 구입할 수도 있고 인터넷으로 구하기도 어렵지 않지요.

집중탐구 칼을 흉기로 한 범죄가 급증하는 영국

1990년 이후 영국 전체의 범죄 발생률은 서서히 줄어들고 있지만 칼을 이용한 범죄는 오히려 늘어났으며 특히 2005년 이래 급격한 증가세를 보였다. 2005년과 2007년 사이에는 칼을 사용한 살인 범죄가 26퍼센트 늘어났는데, 이 증가율은 지금까지 영국에서 일어난 폭력 범죄의 증가율 중 가장 높은 수치다.

영국의 폭력 범죄로 인한 전체 중상자 중 칼이 원인이 된 비율

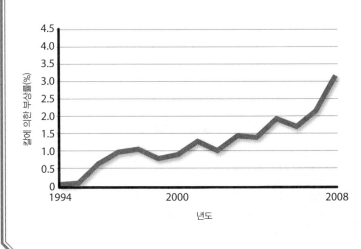

호주 학교에서 발생한 칼을 사용한 범죄

최근 몇 건의 칼 관련 범죄 뉴스가 호주 전역을 충격에 빠뜨렸습니다. 칼 관련 사건의 대부분은 한 학생이 다른 학생을 칼로 위협한 것이었지만 2010년 2월 15일에는 훨씬 끔찍한 사건이 발생했습니다. 브리즈번 시에 살던 엘리엇 플레처는 집 근처 천주교 계열 학교에 다니고 있었습니다. 그런데 당시 12살이었던 엘리엇이 칼에 찔려 사망한 채 학교 화장실에서 발견됐습니다. 겨우 13살에 불과했던 다른 학생이 저지른 일이었지요.

사건이 일어난 뒤 엘리엇의 부모와 방송 매체는 이 비극적인 사건이 왜 발생했는지 관심을 가지게 되었습니다. 가해 학생은 평소 품행에 문

부엌칼에서 문구용 칼까지 대부분의 칼이 흉기로 사용될 수 있다. 사진 속의 칼은 영국 경찰이 영국 전역에서 압수한 것이다.

제가 없었지만 교내의 집단 따돌림 문화 때문에 호신용으로 칼을 소지했다는 언론 보도가 나왔습니다. 이 사건에 대한 논의는 더욱 활발해졌고, 호주 관계 당국은 학생이 호신용 칼을 지니고 다니는 행위가 학교 폭력 범죄 사건의 증가와 관련이 있다는 보고서에 주목하기 시작했지요.

중국 학교에서 발생한 칼을 사용한 범죄

2010년 봄, 중국에서 칼을 사용한 학교 내 폭력 범죄 사건이 연달아 9건이나 발생하여 사람들을 두려움에 떨게 했습니다. 이 9건의 사건으로 인해 17명이 사망하고 수십 명이 부상을 입었지요.

호주와 달리 중국에서 범행을 저지른 사람은 모두 성인 남성이었습니다. 42세의 의사가 교문 앞에 서 있던 학생들에게 칼을 휘둘러 8명이 사망하고 5명이 부상을 입는 사건이 벌어졌습니다. 한 남성이 유치원에 침입해 유치원생 28명을 포함해 총 31명을 칼로 찌르는 사건도 발생했어요.

칼 관련 폭력 범죄가 연이어 일어나자 전 세계는 우려 섞인 시선으로 중국을 지켜보았습니다. 가해자들은 왜 이런 일을 저질렀을까요? 대답하기 쉬운 질문은 아닙니다. 하지만 많은 가해자에게서 공통점이 발견되었어요. 바로 정신 질환을 앓고 있지만 제대로 치료를 받지 못했다는 점이었지요.

대부분의 가해자는 자신이 세상 사람들에게 부당하게 대우받았다고 단정 짓고, 세상에 대한 분노로 가득 차 있었습니다. 그래서 세상에 대한 분노의 메시지를 폭력 범죄로 표출한 것이지요. 그런데 중국학교는 학생을 보호하는 안전 장치가 마련된 곳이 거의 없어요. 그 때문에 최대한 많은 사람을 해치면서 언론의 주목까지 받을 수 있는 최적의 범행 장소로 범죄자들이 학교를 선택하는 안타까운 일이 발생한 것입니다.

칼 관련 범죄에 대한 각국의 대응

　칼은 종류가 다양하고 총과 달리 일상생활에서 흔히 사용하는 도구입니다. 우리가 매일 이용하는 부엌만 보아도 칼을 쉽게 찾아볼 수 있지요. 칼은 우리 생활을 편리하게 하는 유용한 도구입니다. 그래서 총기와 같은 방식으로 사용을 금지하거나 제한할 수 없어요.

　칼이 우리 생활에 밀접한 도구인 만큼 그 위험성 또한 간과할 수 없습니다. 비교적 손에 넣기 쉬운 칼의 특성상, 어린 학생들의 폭력 사건에는 종종 칼이 등장하지요. 학교 안전을 위협하는 칼 관련 범죄를 막기 위해 전 세계는 갖가지 노력을 기울입니다.

어떤 사람들은 칼 관련 폭력의 위협이 있을 때, 경찰이 실상을 파악하기 위해 용의자를 수색할 수 있는 권한을 가져야 한다고 주장합니다. 그러나 이른 바 **'불심 검문법'**을 도입한 영국에서는 경찰의 권한이 지나치게 확대되었다고 주장하는 사람들이 나타나고 있습니다. 지나친 검문검색은 선량한 시민을 잠정적인 범죄자로 바라보는 행위고, 사생활 침해와 신체의 자유 침해 등 심각한 **인권 침해**로 이어지기 쉽기 때문이지요.

사람들에게 칼 관련 범죄의 위험성을 지금보다 더 많이 알려야 한다고 주장하는 사람들도 있습니다. 이들은 사람들이 칼을 사용한 폭력 문제를 결코 가볍게 여겨서는 안 된다고 주장합니다. 영국을 비롯해 이 문

❙ 세계 각국 정부와 사법 기관이 칼을 사용한 범죄를 줄이기 위해 새로운 방법을 모색 중이다.

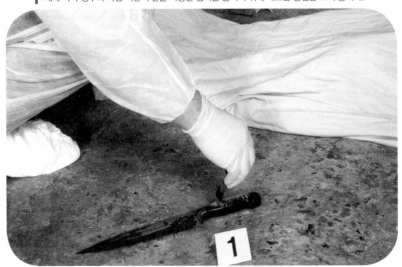

제로 깊은 고민을 해 온 몇몇 나라는 칼을 사용한 폭력 범죄를 소재로 대대적인 광고 캠페인을 벌였습니다. 텔레비전과 라디오는 물론 페이스북까지 이용했어요. 최신 매체에 민감하게 반응하는 청소년층을 겨냥한 시도였지요.

호주 정치인들도 자국 내에서 이러한 광고 캠페인을 벌이려고 논의하고 있습니다. 최근 호주에서는 학교에서 일어난 칼 관련 범죄 사건 때문에 학교가 주관하는 집단 따돌림 방지 프로그램이 새롭게 주목받고 있지요.

무관용 정책

끔찍한 폭력 범죄에 대응하기 위해 각국 정부와 학교는 해결책을 찾고 있어요. 그중 하나가 바로 '**무관용 정책**'입니다. 무관용 정책은 사소한 범죄도 죄질이 나쁠 경우 법에 따라 엄격하게 처리한다는 원칙에 따라 시행되는 강력한 범죄 대응 정책을 말합니다. 이 정책은 지난 몇 년간 유럽과 미국에 있는 수많은 학교에서 시행되었습니다.

무관용 정책은 1990년대 중반부터 미국에서 처음으로 시행했어요. 미국 사회 전반에 걸쳐 범죄에 강력히 대응하자는 목소리가 높아졌던 시기였지요. 1994년 미국 정부는 연방 예산을 받는 몇 개 주에서 흉기를 소지한 채 등교한 학생을 일 년 동안 정학에 처하는 법을 통과시켰습니다. 이 법의 목표는 학교를 더욱 안전한 곳으로 만들자는 것이었지요.

무관용 정책은 문제 학생을 학교에서 퇴출할 수 있는 훌륭한 대안처럼 보였어요. 하지만 이 정책이 시행된 이후에도 폭력 범죄는 줄지 않았습니다. 오히려 새로운 문제까지 발생했지요.

무관용 정책의 가장 큰 문제점은 상황에 맞게 잘잘못을 가려보거나 상식을 적용할 여지가 없다는 것이었지요. 실수로 학교에 플라스틱 칼이나 물총을 가져온 학생이 정학이나 퇴학을 당한 사례가 수십 건은 되었습니다. 이를테면 2010년 2월, 당시 9세에 불과했던 패트릭 티머니라는 학생이 학교에 5센티미터 길이의 플라스틱 레고 조각을 가져왔다가 가까스로 정학 위기를 면한 일도 있었습니다.

무관용 정책은 다른 면에서도 실패한 정책입니다. 가해자를 교화하지 못했거든요. 학교에서 쫓겨난 학생들은 마땅한 일자리를 찾지 못한 채 지냈습니다. 결국 사회에서 낙오되어 범죄자로 전락하는 경우가 많았지

교도관이 소년원에서 어린 재소자를 호송하고 있다. 무관용 정책을 비판하는 사람들은 이 정책이 학생들이 범죄를 저지르지 않게 도와주는 것이 아니라 오히려 학생들을 감옥 안으로 밀어넣고 있다고 주장한다.

요. 무관용 정책을 시행한 덕분에 학교 현장에서 폭력 범죄가 획기적으로 줄었다는 증거가 아무 데도 없었어요.

많은 사람들은 무관용 정책에 무조건 따르도록 강압하는 것보다는 학교 당국과 구성원이 위험 요소를 자율적으로 판단할 수 있게 하는 것이 훨씬 효과적이라고 입을 모아 주장합니다.

찬성 VS 반대

청소년이기 때문에 무조건 용서하고 선처해야 한다는 너그러운 생각을 하는 사람이 대다수이지만, 오늘의 상황은 너무도 심각하다. 청소년이 범죄의 수렁에 빠지면 성인이 되어서까지 흉악한 범죄자로 전락하게 될 수 있다. 이러한 점을 고려할 때 10세 이상 14세 미만의 청소년에게 형사 처벌이 금지되어 있는 **촉법 소년** 연령에 대한 검토를 통해 범죄행위에 대해 엄격한 처벌과 선도 시스템을 마련해 효과적인 교화가 이루어지도록 해야 한다.

– 박옥식 청소년 폭력예방재단 사무총장

청소년이 범죄를 저지르고 소년 교도소에 가면 서로 비행 경력이 진전된 아이들끼리 생활하다 보니까 선도 가능성이 높지 않다. 격리 수용 대신 사회 내에서 일반 선도를 하거나 일시 보호 등을 통해서 선도할 수 있는 다양한 방법을 개발해야 한다.

– 이수정 경기대 범죄심리학과 교수

학교 보안 강화

학교 내 폭력 사건에 대한 다른 대처법은 학교 보안을 강화하는 것입니다. 특히 요즘 미국에서는 학교 건물 전체에 보안 장치를 설치하여 감옥처럼 철통 보안을 하는 학교가 늘고 있습니다. 창살과 금속 탐지기와 감시 카메라, 심지어 무장 경비원도 흔히 볼 수 있지요.

학교 보안을 강화하자는 의견은 미국에서 교내 총기 사건이 늘기 시작한 1990년대에 들어서 등장했습니다. 최근에는 영국과 핀란드 등 총기 사건이 발생한 다른 나라도 학교 보안 강화 조치를 고려하고 있지요.

그렇지만 지나친 보안 강화가 득보다 실이 많을 때도 있습니다. 보안을 지나치게 강화한 학교의 구성원이 안정감보다는 불안감과 두려움을 느낀다는 연구 결과도 있지요. 지나친 보안 강화는 학교 구성원에게 교사나 학생이 아닌 범죄자가 된 것 같은 느낌을 주기 때문이에요.

학교 보안 강화에 대한 각국의 반응

호주에서는 최근 학교 폭력이 늘어나면서 일부 부모들이 학교 보안을 더 강화해야 한다고 주장합니다. 하지만 줄리아 길러드 전 호주 부총리는 "신중한 논의 없이 미국처럼 학교에 금속 탐지 장치를 설치하고 총을 찬 경비원이 학교 안을 순찰하도록 해서는 안 됩니다. 정부는 학교와 긴밀히 협력하고 제대로 된 대응책을 마련해야 합니다."라며 신중히 대책을 마련하자는 의견을 내놓았습니다.

중국은 자국 내에서 칼 관련 교내 범죄 사건이 일어나자 방문자 등록, 교내 경비원 확충, 보안 시스템 설치 등 학교 내 안전 정책을 더욱 강화하기 시작했어요. 중국 정부는 아동과 청소년에게 자신의 몸을 스스로 보호하는 법을 가르치는 방법도 강구하고 있습니다.

경비 팀을 고용해서 종일 학생들을 지켜보는 학교도 있다. 이들 경비 팀의 주 업무는 학생들이 학교 건물 밖으로 나갈 때마다 학생들의 몸을 수색하는 것이다.

표적 접근법

표적 접근법(Targeted Approach)이란 문제를 해결하기 위해 광범위한 해결책을 세우는 것이 아니라 문제의 원인을 표적으로 삼아 집중하는 접근법을 말합니다. 학교 내 폭력 범죄를 해결하기 위해서는 학교 전체에 초점을 맞추는 것이 아니라 폭력이 일어나는 원인에 집중하는 것이 더 효과적인 대처법이라는 주장이지요. 사실 범죄를 저지르는 학생은 극소수에 불과합니다. 하지만 이 극소수의 학생들이 대부분의 범죄를 저지릅니다. 학교가 이들 문제 학생을 제대로 파악할 수 있다면 그것이 학교 안전을 지키는 첫걸음이 될 수 있겠지요.

문제 학생에 대해 잘 알아두는 것은 그들이 일으키는 범죄 유형을 파악하는 데도 도움이 됩니다. 이 방법을 사용하면 학교가 어떤 보안 시스템을 선택해야 특정 종류의 범죄를 예방할 수 있을지 알게 됩니다. 가령, 무기를 이용한 폭력이 일어나는 학교에서는 금속 탐지기가, 마약으로 인한 폭력 때문에 골머리를 앓고 있는 학교라면 사물함 검사와 마약 탐지견이 최고의 대책이 되겠지요.

이러한 표적 접근법이 아직 나이가 어린 학생에게 사회적 낙인을 찍는 결과를 가져올 수도 있다는 점을 주의해야 합니다. 표적 접근법의 대상이 된 학생만을 특별히 문제아로 규정하면 자칫 해당 학생을 학교 현장에서 소외시키는 결과를 낳을 수도 있어요. 학교에서 소외된 학생은 다른 범죄의 길로 들어서기 쉽습니다. 게다가 이 표적 접근법은 평소 문제 행동을 하지 않았던 학생이 저지를 수 있는 범죄의 가능성을 소홀히 다룰 수 있다는 문제점도 있지요.

기타 접근법

최근 들어 전 세계 학교는 기존과 다른 방법을 시도하기 시작했습니다. 문제를 일으킬 가능성이 높은 학생을 도우려는 노력을 기울이기 시작했지요. 미국을 비롯해 유럽과 캐나다에 있는 학교에는 어린 학생들이 바른길로 돌아오기를 바라는 마음으로 집단 따돌림 방지 프로그램과 방과 후 활동, 또래 그룹 지원 프로그램 등을 시행하고 있습니다. 해당 학생의 분노와 공격성이 폭력이라는 방식으로 표출되기 전에 상담 교사나 또래 집단에 털어놓아 극단적인 감정을 해소하려는 의도입니다.

미국에는 감시 카메라를 설치한 학교가 많다. 이 장면은 뉴저지 주에 있는 한 학교의 교내 식당에 설치된 카메라에 잡힌 학생들의 모습이다.

- 폭력을 수단으로 분노를 표출하는 사람들은 가정 폭력을 경험했을 확률이 높지만, 모두가 그런 것은 아니다. 총기 난사 사건의 가해자라고 해서 무조건 가정불화를 경험했던 사람으로 단정할 수는 없다.
- 칼은 가격도 싸고 구하기도 쉽기 때문에 아동이나 청소년이 접근하기 용이하다. 칼 관련 범죄는 비교적 어린 연령층에서 일어나기 쉽다.
- 무관용 정책이란 사소한 범죄도 죄질이 나쁠 경우 법에 따라 엄격하게 처리한다는 원칙에 따라 시행되는 강력한 범죄 대응 정책을 말한다.
- 지나친 보안 강화는 오히려 학교 구성원에게 불안감이나 공포심을 가져다 줄 수 있다.
- 표적 접근법은 학교 전체가 아니라 범죄를 일으키는 극소수의 학생에게 초점을 맞춰 범죄가 일어나는 원인을 제거하고자 하는 접근법이다. 이 접근법은 문제 학생이 흔히 일으키는 범죄의 유형을 파악하는 데 도움이 된다.

CHAPTER 3

범죄 집단의 위험성

'갱단'이란 집단적, 상습적으로 폭력적 불법 행위를 하거나 그럴 위험이 있는 집단을 일컫는 말입니다. 갱단은 어디서 힘을 얻어 활동할까요? 그 힘의 일부는 조직원의 수에서 나옵니다. 값비싼 최신식 무기에서 힘을 얻기도 하지요. 국제적 갱단은 불법으로 무기를 수입해 보유할 만큼 수적으로 우세하고 큰 영향력을 가진 경우가 많습니다.

폭력 범죄라는 말을 들으면 갱단도 함께 떠올리게 됩니다. 최근에는 갱단의 폭력 범죄 문제가 미국, 유럽, 중국을 비롯해 카리브 해까지 전 세계 곳곳으로 확산되고 있지요. 오늘날 갱단에 의한 폭력 범죄는 장소를 가리지 않고 발생합니다.

갱단의 규모와 무력

갱단이란 집단적, 상습적으로 폭력적 불법 행위를 하거나 그럴 위험이 있는 집단을 일컫는 말입니다. 갱단은 어디에서 힘을 얻어 활동할까요? 그 힘의 일부는 갱단의 조직원 수에서 나옵니다. 영국의 잉글랜드와 웨일스 지역에서는 2011년부터 갱 문화를 척결하고자 새로운 조치를 취했습니다. 바로 '갱단 금지령'입니다. 갱단 금지령에는 특정 갱단원이 라이벌 영역에 들어가는 것을 금지하고 갱단의 일원임을 나타내는 특정 색깔의 옷을 입지 못하게 하는 내용이 포함됩니다.

갱단은 강력한 무기에서 힘을 얻기도 합니다. 갱단의 무기가 워낙 최신식이고 고가라서 미국의 경찰 지구대에 그런 무기를 살 예산이 배정이 안 되는 웃지 못할 상황이 벌어지기도 합니다. 게다가 지방 법규상

미국 LA에서 경찰이 갱 단원을 체포하고 있다. 이들은 자신의 구역을 표시하기 위해서 전철이나 건축물의 벽면, 교각 등에 스프레이 페인트로 낙서를 하고 다닌 지역 갱단의 일원이었다. 대규모의 길거리 갱단은 보통 소규모의 청소년 갱단에서 새로운 조직원을 뽑는다.

경찰의 특정한 무기 소지가 금지된 곳이 많습니다. 그래서 종종 경찰과 갱단이 총격전을 벌일 때 경찰이 가진 무기보다 갱단이 사용하는 불법 무기가 훨씬 우수한 경우도 있지요.

지구상에는 총기 소지를 금지하는 국가가 많습니다. 다시 말하면 이런 나라에서는 갱들이 총기를 손에 넣기가 어렵다는 뜻이지요. 그렇다고 해서 이들 국가의 갱들이 아예 총을 못 구하는 것은 아닙니다. 영국, 노르웨이, 뉴질랜드 등의 나라에서는 대부분 경찰이 총을 소지하지 않습니다. 그래서 성능이 우수한 무기를 가진 갱들과 싸울 때에는 아주 불리하고 때로는 위험하기도 합니다.

갱단의 무기 거래

갱단은 그 많은 무기를 어떻게 손에 넣을까요? 갱단의 무기는 남의 것을 훔쳤거나 처음부터 불법으로 거래했거나 인터넷으로 산 것이 대부분입니다. 인터넷은 익명성이 보장되기 때문에 불법 총기나 기타 무기를 비교적 손쉽게 구입할 수 있습니다. 이처럼 갱단이 사용하는 총은 여러 사람의 손을 거치기 때문에 경찰 수사 시 총의 출처를 파악하기가 쉽지 않지요.

규모가 큰 국제적 갱단은 불법으로 무기를 수입해 보유할 만큼 수적으로 우세하고 영향력이 있습니다. 미국은 다른 나라보다 **총기 규제**가 느슨하기 때문에 다른 나라의 갱들이 주로 미국에서 총을 입수하지요. 이를테면 멕시코 마약 카르텔은 미국 무기상을 통해 수천 정이나 되는 총기를 구입합니다. 멕시코 마약 카르텔이 사용하는 불법 무기의 90퍼센트가 미국에서 들어오지요. 유럽의 악명 높은 갱단도 미국이나 동부 유럽에서 총기류를 불법으로 밀수합니다.

알아두기

총기 사건이 늘어나면서 일부 런던 경찰이 2009년부터 특정 구역을 순찰할 때 반자동 소총을 가지고 다니기 시작했다. 경찰이 무기를 소지하고 정기 순찰을 돈 것은 영국 역사상 이때가 최초였다.

칼 관련 범죄와 갱단

최근 칼 관련 범죄가 증가한 것은 갱단의 수가 늘어난 것과 관련 있습니다. 칼 관련 범죄가 가장 많이 일어나는 장소는 가난한 도시 지역이지요. 고죠 옌가의 슬픈 이야기도 바로 그러한 곳에서 발생했습니다.

고죠 옌가는 런던에 사는 16세의 평범한 학생이었습니다. 고죠는 특유의 밝은 성격으로 가족과 친구들의 사랑을 듬뿍 받았습니다. 고죠의 꿈은 더 나은 미래를 위해 대학에 진학하는 것이었어요. 자신감에 넘치

사례탐구 미국 뉴욕 주 뉴버그 시의 갱단 진압

뉴버그 시는 인구 2만 9,000명에 불과한 소도시지만 뉴욕 주 전체에서 1인당 범죄 발생률이 가장 높다. 여기에는 라틴 킹즈, 블러드와 같은 전국적 규모의 갱단과 D-블록, 애슐리 밴디츠와 같은 지역 갱단이 들끓었다. 이들 갱단의 활동은 경찰의 통제 능력을 넘어선 지 오래다. 갱 단원과 경찰의 비율은 3대 1로 추정된다. 이같은 수적 우세에 힘입어 갱단의 행동은 더욱 거칠어졌다.

하지만 경찰은 폭력을 종식시키기 위해 갱단에 대항해서 싸웠고, FBI와 함께 팀을 구성했다. 2010년 5월 13일, FBI와 지역 경찰이 대규모 공습을 펼친 끝에 갱 단원 약 25명을 체포했다. 이미 갱 단원 34명을 구속한 뒤에 나머지 갱 단원을 잡아들였으니 대성공인 셈이었다. 그렇지만 이는 갱단에 일시적인 타격을 입힌 것일 뿐 갱단을 완전히 뿌리 뽑은 것은 아니었다. 뉴버그 시의 경찰이 범죄를 완전히 소탕하려면 지속적인 노력과 예산, 성능 좋은 무기가 더 많이 필요하다.

는 학생이었던 고죠는 2007년 3월 14일, 칼 관련 폭력 범죄에 목숨을 잃고 맙니다.

고죠와 고죠의 여자 친구는 어느 날 저녁 런던 시내에서 데이트를 하고 있었습니다. 데이트를 하던 그들에게 갑자기 15살짜리 소년 하나가 다가와 이렇게 말했지요. "네가 나랑 한 판 붙고 싶어 한다면서?" 그러한 위협 상황에서 고죠는 결코 해서는 안 되는 행동을 했습니다. 협박을 하는 상대를 따라 골목 안으로 들어간 것이지요. 고죠는 칼과 방망이를 들고 자신을 기다리던 한 무리의 십대들과 마주쳤어요. 고죠는 이런 상황을 전혀 예상하지 못했지요.

갱단원들은 고죠를 쫓으면서 이렇게 소리쳤어요. "잡아! 죽여 버려!" 그들은 고죠를 쫓아가 붙잡고는 바닥에 쓰러뜨렸습니다. 고죠의 여자 친구와 행인들이 구하려고 했지만 고죠는 갱들의 공격을 받고 얼마 지나지 않아 숨지고 말았어요.

▌뉴욕 경찰이 뉴버그 시 갱들을 체포하고 있다.

이 사건이 발생하기 얼마 전, 경찰이 갱단 몇 명을 체포했습니다. MDP라는 이 갱단은 칼을 들고 다니는 폭력적인 갱으로 악명이 높았지요. 조직원 대부분은 18세 미만이었어요. 고죠가 클럽에서 MDP 갱단 몇 명과 시비가 붙었던 것이 문제의 발단이었습니다. 동료들이 체포된 뒤부터 갱단은 고죠를 표적으로 삼았고, 고죠를 계속 주시하다가 결국 보복한 것이었어요.

2008년 4월, 다섯 명의 십대 청소년이 고죠에 대한 살인 혐의에 대해 유죄를 선고받았습니다. 두 명의 살인범 중 한 명은 17세였고, 다른 한 명은 겨우 14세였습니다. 이 두 명은 **종신형**을 선고받았고, 14세, 15세, 17세였던 나머지 조직원 세 명은 10년형을 선고받았어요.

고죠가 사망한 뒤, 유가족이 고죠의 사진을 들고 런던 거리를 행진하고 있다. 고죠는 2007년 런던에서 칼에 찔려 사망한 십대 26명 중 1명이었다.

사례탐구 **카리브 해의 총기**

　최근 미국령 버진 아일랜드(US Virgin Islands)와 자메이카, 트리니다드 토바고에서 국제 마약 밀매의 중심축이 될 만큼 강력한 갱단이 탄생했다. 이들은 미국에서 입수한 무기로 중무장했다. 자메이카 정부의 한 관계자는 마약 밀매단에게서 몰수한 무기의 80퍼센트가 미국에서 밀수되었을 가능성을 제기했다.

　카리브 해의 갱단 폭력은 이 지역의 중학교까지 확산되고 있다. 그 때문에 청소년 갱단에 미치는 이들의 영향력이 더욱 커지고 있으며 이 지역 청소년의 총기 소지율도 늘고 있다. 전체의 절반에 이르는 학생이 교내에서 무기를 목격한 경험이 있는 것으로 보고된 바 있으며, 학생 가운데 25퍼센트는 갱단에 소속된 조직원이다. 카리브 해의 총기 폭력 사건은 최근에 발생하기 시작한 일이어서 경찰이 미처 통제할 여력이 없었다.

집중탐구 영국의 불심 검문

영국에는 '범죄에 가담했다는 직접적인 증거 없이도 경찰은 누구든 언제든지 검문할 수 있다.'는 내용의 두 가지 법조항이 있다. 제60조로 알려진 첫 번째 법은 스포츠 경기 뒤의 폭동과 갱단 폭력을 막기 위해 1990년대 중반에 만들어졌다. 그 뒤, 테러리스트를 막기 위해 두 번째 법인 제44조를 신설했고 이를 통해 지정된 구역 안에서 누구든 검문할 수 있는 권한을 경찰에게 주었다.

2008년, 영국 경찰은 칼 관련 범죄에 대처하기 위해 제60조를 실제로 적용하기로 했다. 그러자 제60조 '불심 검문법'의 실제 활용 건수가 런던과 몇몇 대도시에서 급증했다. 런던만 해도 2003년에서 2004년 사이에는 4,400건이었던 검문검색 건수가 2008년에서 2009년 사이에는 8만 건 이상으로 치솟았다.

관련 보고서에 따르면, 검문검색으로 거리에서 칼 수천 자루가 압수되었으며 법 집행 관계자들은 이 두 조항 덕분에 칼 관련 범죄가 현격히 줄어들었다고 주장했다. 하지만 또 다른 연구를 살펴보면 경찰이 제60조를 적용한 이후에 칼 관련 범죄가 오히려 늘어난 지역도 있다고 한다.

검문검색이 선량한 시민들의 삶을 불편하게 하고, 영국의 헌법 정신에 위배된다고 생각하는 사람이 늘고 있다. 경찰은 성인보다 십대 청소년들에게 훨씬 많이 검문검색을 행했다. 백인보다 유색 인종이 검문을 더 많이 받았다는 공신력 있는 연구도 있다. 최근 영국 정부는 법률 제44조를 폐지했다. 이에 힘입어 제60조도 폐지되기를 바라는 사람이 증가하는 추세다.

경찰이 크리스마스 파티에 참석하러 리버풀을 방문한 일행에게 검문검색을 실시하고 있다.

간추려 보기

- 갱단의 힘은 경찰 인력에 비해 많은 구성원 수와 우세한 자금력을 동원해 보유한 최신식 무기에서 나온다.
- 갱단이 사용하는 총은 불법적인 경로로 유통된 경우가 대부분이기 때문에 폭력 범죄에 사용되었는지 여부를 판단할 때 경찰이 어려움을 겪기 쉽다.
- 규모가 큰 국제적 갱단의 경우 불법으로 무기를 수입해 보유할 만큼 규모가 크고, 그만큼 영향력도 크다.

폭력 범죄와 마약 합법화

마약 때문에 온갖 종류의 폭력이 급증하는 것은 전 세계적인 현상입니다. 아프가니스탄에서 발생한 총격전에서부터 런던의 칼부림, 자메이카 총기 난사 사건까지 그 원인은 모두 마약이었지요. 하지만 마약을 둘러싼 사람들의 생각은 엇갈립니다. 마약 합법화에 찬성하는 사람들과 반대하는 사람이 끊임없이 대립하고 있지요.

2010년 7월, 미 국방부는 미국과 멕시코 국경 지대에 자리한 소도시 누에보 라레도에 대한 여행 경보를 발표했습니다. 미 국방부가 주의를 당부하는 내용은 다음과 같았습니다.

"우리는 누에보 라레도 지역에 있는 마약 밀매 조직과 멕시코 군대 사이에 폭력 사태가 확산되고 있다는 믿을 만한 보고서를 입수한 바 있습니다. 수류탄이 사용되고 있다는 보고도 받았습니다. 소식통에 의하면 마약 밀매 조직원이 로페즈 드 라라인 대로를 막고 차량을 탈취하고 있다고 합니다. 그 밖에 다른 통행로도 점령했을지 모릅니다. 마약 밀매 조직이 좁은 골목까지 통행을 제한했을 가능성이 있습니다."

위의 사례에서 알 수 있듯 멕시코는 지금 마약 관련 폭력 때문에 들 끓고 있어요. 멕시코와 미국 두 나라의 정부는 멕시코의 막강한 마약 카르텔을 소탕하기 위해 2008년부터 협력해 왔지요. 사망자 중 상당수가 미국인이며 약 1년 사이에 사망자가 7,000여명에 이르렀다는 추정치도 있어요. 이들의 횡포는 지금도 계속되고 있습니다.

멕시코 마약 카르텔과 무기

　멕시코 마약 카르텔은 어떻게 해서 수류탄 같은 막강한 무기를 손에 넣게 되었을까? 아이러니하게도 멕시코 마약 카르텔이 미국과 멕시코 군인에게 던지는 수류탄 중 상당수는 미국에서 제작되었다. 이 수류탄은 1980년대 중미에서 일어났던 내전을 도울 목적으로 미국이 중미 국가에 팔았던 무기 중 일부다. 그런데 그중 몇몇 나라가 경제난을 해소하기 위해 무기 비축고에 쌓여 있던 무기를 꺼내어 높은 가격에 판매하고 있다. 이 무기의 주 구매자가 바로 멕시코 마약 조직단의 두목들인 것이다.

전 세계적인 문제

　마약과 관련한 폭력 문제는 단지 멕시코에서만 발생하지 않습니다. 마약 때문에 온갖 종류의 폭력이 급증하는 것은 전 세계적인 현상입니다. 아프가니스탄에서 발생한 총격전에서부터 런던의 칼부림, 자메이카 총기 난사 사건까지 그 원인은 모두 마약이지요.

　코카인 산업을 좌지우지하는 막강한 마약 카르텔 때문에 볼리비아와 콜롬비아 같은 중남미 나라는 수년간 끔찍한 폭력에 시달리고 있어요. 아프가니스탄의 강력한 반군인 중동의 탈레반은 약 747억 원의 연 수입 중 대부분을 아편으로 벌어들입니다. 아프가니스탄에서 자라는 양귀비로 만드는 아편은 헤로인으로 가공됩니다.

니카라과 경찰이 국제적인 범죄 조직인 MS-13의 우두머리를 체포하고 있다. 극악무도한 것으로 악명 높은 MS-13은 멕시코 마약 카르텔의 마약 밀매와 관련이 있다고 한다.

마약의 유통과 폭력

마약 중독자가 마약을 할 때 마약의 출처를 먼저 떠올리지는 않습니다. 하지만 오늘날 사람들이 복용하는 온갖 종류의 마약은 생산과 제작, 수송과 판매의 과정을 거칩니다. 마약의 수익률이 높기 때문에 마약의 유통 과정에는 폭력이 끼어들지요.

이러한 폭력의 형태는 무장 강도일 때도 있으며, 폭행 또는 살인인 경우도 있습니다. 납치도 증가하는 추세지요. 마약 **카르텔**이 저지르는 대부분의 폭력 범죄는 다른 지역의 마약 거래상이나 자신들을 위협하는 정부 관계자를 상대로 발생합니다. 마약을 사고 나서 돈을 지불하지 않는다는 이유로 공격하기도 합니다. 상대에게서 마약을 훔치기도 하지요.

멕시코 마약 카르텔의 활동범위

오늘날 세계에서 가장 크고 위험하며 폭력적인 마약 조직은 멕시코 마약 카르텔입니다. 이들 멕시코 마약 카르텔은 멕시코를 넘어서 전 세계에 힘을 행사하고 있어요. 미국 사법 당국의 발표에 의하면 멕시코 마약 카르텔은 미국 내 230개 도시에 복잡한 마약 유통망을 형성했고 현지 공급책에 마약을 공급하고 있습니다.

지난 몇 년간 멕시코 마약 카르텔은 유럽과 중미에서도 사업을 시작해 세력을 더욱 확장했어요. 멕시코 마약 카르텔은 유럽과 중미의 현지 범죄 조직과 손을 잡았지요. 그중 몇몇 나라에서는 멕시코 마약 카르텔이 공개적으로 운영되기도 합니다. 특히 정부의 힘이 취약하거나 정치적으로 불안정한 나라에서 그렇지요. 멕시코 마약 카르텔은 마약 밀매 요충지 중 하나로 베네수엘라를 이용합니다. 2006년에서 2008년까지 유럽에서 거래된 **코카인**의 절반 이상이 베네수엘라에서 밀수된 것이었지요.

유럽에서의 마약 밀매

영국을 비롯한 유럽 국가는 자국 내 마약 문제로 골치를 앓습니다. 영국에서 마약 밀매로 가장 널리 이름이 알려진 사람은 커티스 워렌과 브라이언 브렌든 라이트입니다. 영국인인 워렌은 마약을 영국으로 밀반입해 큰 재산을 축적한 것으로 수사받았습니다. 결국 그는 **대마초** 밀수 혐의로 유죄를 선고받은 뒤 2009년 감옥에 갔지요. 한편 라이트는 마약 밀매와 공급 혐의로 2007년에 30년 형을 선고받았습니다. 라이트와 그의 부모를 감옥에 가두기 위해 수사했던 11년 동안 약 1,000억 원어치의 마약이 압수되었습니다.

유럽 연합(EU, European Union)은 마약 반대 정책의 일환으로 회원국 간에 조약을 맺어 코카인과 헤로인의 불법 거래를 뿌리 뽑으려는 국제적인 노력을 해 왔습니다.

집중탐구 마약 관련 폭력 범죄의 동기

마약과 관련된 폭력의 이면에 숨겨진 동기는 무엇일까? 아주 간단하다. 바로 돈이다. 정확히 알 수는 없지만 연간 수천억 달러가 마약 관련 시장으로 흘러갈 것으로 추정된다. 2003년 4월에서 2004년 3월까지 영국으로 밀반입된 불법 마약의 가치는 약 6조 6,000억 원에서 약 11조 원에 이른다. 이렇게 막대한 금액이 관련된 사업이 위기에 처하면 마약 관련 사업에 종사하는 사람들은 절망을 느끼고 폭력적으로 변한다.

전 세계의 마약 밀매

국제 불법 마약 거래는 폭력 범죄와 긴밀히 연관된 경우가 많습니다.
이 지도는 마약 밀매가 성행하는 나라 중 일부를 표기한 것입니다.

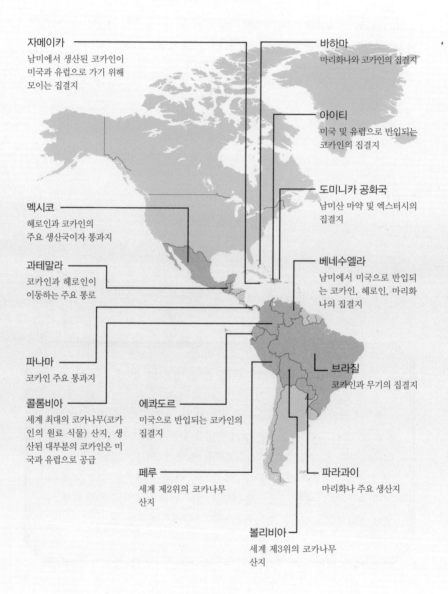

자메이카
남미에서 생산된 코카인이
미국과 유럽으로 가기 위해
모이는 집결지

바하마
마리화나와 코카인의 집결지

아이티
미국 및 유럽으로 반입되는
코카인의 집결지

도미니카 공화국
남미산 마약 및 엑스터시의
집결지

멕시코
헤로인과 코카인의
주요 생산국이자 통과지

과테말라
코카인과 헤로인이
이동하는 주요 통로

베네수엘라
남미에서 미국으로 반입되
는 코카인, 헤로인, 마리화
나의 집결지

파나마
코카인 주요 통과지

브라질
코카인과 무기의 집결지

콜롬비아
세계 최대의 코카나무(코카
인의 원료 식물) 산지, 생
산된 대부분의 코카인은 미
국과 유럽으로 공급

에콰도르
미국으로 반입되는 코카인의
집결지

페루
세계 제2위의 코카나무
산지

파라과이
마리화나 주요 생산지

볼리비아
세계 제3위의 코카나무
산지

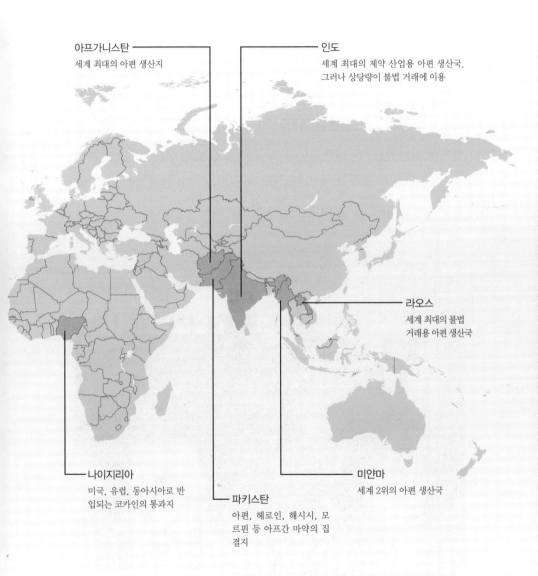

아프가니스탄 —
세계 최대의 아편 생산지

인도
세계 최대의 제약 산업용 아편 생산국.
그러나 상당량이 불법 거래에 이용

라오스
세계 최대의 불법
거래용 아편 생산국

나이지리아
미국, 유럽, 동아시아로 반
입되는 코카인의 통과지

파키스탄
아편, 헤로인, 해시시, 모
르핀 등 아프간 마약의 집
결지

미얀마
세계 2위의 아편 생산국

라 파밀리아

멕시코 마약 카르텔과 견주어 보아도 밀리지 않을 만큼 강력한 조직인 라 파밀리아는 최근 부상하고 있는 범죄 조직 중 가장 폭력적인 범죄 조직으로 꼽힙니다. 2006년, 라 파밀리아 조직원들은 나이트클럽 무대 위에 다섯 사람의 머리를 절단하여 전시하고 '이는 신성한 정의'라는 메시지를 남겼습니다. 라 파밀리아는 이 사건을 통해 그들의 잔혹함을 만천하에 알렸지요. 라 파밀리아는 라이벌 갱 단원을 얼음송곳으로 찌르고 끓는 물에 넣어서 죽인 뒤, 머리와 팔다리를 자르고 몸통만 내다 버리는 것으로 악명이 높았습니다. 라 파밀리아의 두목은 본명이 나자리

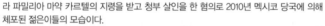

라 파밀리아 마약 카르텔의 지령을 받고 청부 살인을 한 혐의로 2010년 멕시코 당국에 의해 체포된 젊은이들의 모습이다.

오 곤잘레스지만, '미친 자'라는 뜻의 '엘 마 로코'로 더 잘 알려져 있어요. 그도 처음에는 마약 판매상을 무찔러 의적이 되고자 자위대를 조직했습니다. 하지만 마약 밀매가 엄청난 수익을 거둔다는 사실을 알게 되었고 2006년 당시 규모가 큰 밀매 조직이었던 걸프 카르텔에서 독립해 나와 급성장했습니다. 매달 수백 톤의 필로폰을 생산하는 **슈퍼 실험실**을 가지고 있는 라 파밀리아는 현재 미국에 필로폰을 공급하는 범죄 단체 중 가장 규모가 큰 조직이지요.

라 파밀리아 조직원은 모두 엘 마 로코가 쓴 신성한 '경전'을 가지고 다녀야 하며, 그들이 행하는 살인은 모두 '신성한 정의'로 간주합니다. 조직원은 마약을 하거나 술을 마셔서는 안 되며 사람들에게 여성과 아이에 대한 존경심과 경외심을 설파하지요.

라 파밀리아 조직원은 자신들이 다른 마약 카르텔을 파괴하고 그들의 사업을 차지할 권리를 신에게서 부여받았다고 믿습니다. 자신들이 무능력한 정부 대신 가난한 집에 돈을 나누어주기 때문에 사람들이 식량과 잠자리를 마련할 수 있다고 생각하지요. 부자에게서 훔쳐 가난한 자를 돕는 라 파밀리아의 태도 때문에 멕시코 국민은 라 파밀리아에 충성하며 사법 당국이 이들을 검거하는 데 협조하지 않으려 했습니다.

라 파밀리아는 미국에도 빠르게 침투하여 미국 내 일부 대도시에서 마약 밀매 주도권을 장악했습니다. 2009년 10월, 미국과 멕시코 정부는 '프로젝트 코로나도' 작전을 실시해 미국 19개 도시에서 삼백 명 이상의 라 파밀리아 조직원을 체포했습니다. 미국에서 활동하던 멕시코 마약 카르텔에 대한 역사상 최대의 공습이었지요. 이 당시 콜로라도 주의 관계자들은 코카인과 필로폰 및 현금 약 3억 2,000만 원을 이들에게서 압수했습니다. 이 공습은 대성공을 거두었지만 라 파밀리아에 일시적인 타격을 주었을 뿐 조직을 완전히 해체하지는 못했습니다.

젊은이들과 마약, 그리고 폭력

최근 발표된 보고서들은 마약 카르텔이 일으킨 영화 같은 폭력 사건들로 가득 차 있습니다. 가끔은 젊은이들이 등장하는 사건도 있지요.

호기심으로 마약에 손을 대는 젊은이들이 저지르는 범죄는 주로 경범죄입니다. 21세 미만의 젊은이들이 손대는 약물은 대부분 알코올과

안전 마스크를 쓴 감시 요원이 작전을 통해 적발한 코카인을 감시하고 있다. 이 코카인은 멕시코로 향하던 홍콩 컨테이너선의 바닥 깔개 아래에 숨겨져 있었다.

마리화나이지요. 이들은 알코올이나 마리화나를 사는 데 필요한 비용을 마련할 목적으로 가족과 친구의 돈을 훔치거나, 집에 있는 물건을 몰래 가지고 나와 학교나 거리에서 팔기도 하지요. 그렇게 해서 이 젊은 이들은 '마약 중독자의 범죄율이 일반인의 범죄율보다 훨씬 더 높다.'는 안타까운 현실에 발을 들이게 됩니다.

중독성 있는 마약과 폭력

알코올이나 마리화나 같은 비교적 약한 종류의 약물을 사용하는 대부분의 젊은이는 헤로인이나 필로폰 같은 강한 마약에까지 손을 대지는 않습니다. 하지만 약한 것에서 더 강한 것으로 마약의 종류를 바꾸는 몇몇 사람은 중독에 빠지기 일쑤입니다. 한 연구에 따르면 마약의 강도가 세어질수록 중독자가 저지르는 폭력의 수위도 높아진다고 합니다. 또한 여러 종류의 마약을 남용하는 사람들도 폭력적인 범죄를 저지르는 경향이 더 높지요.

마약에 중독된 사람들은 마약을 손에 넣기 위해서라면 무슨 짓이든 할 수 있을 것처럼 필사적입니다. 그래서 무장 강도 같은 폭력 범죄에 눈길을 돌리기 시작하지요. 중독자의 절박함 때문에 마약과 관련한 폭력 건수가 늘어납니다.

마약 문제에 대한 해결책 모색

전 세계는 현재도 마약 때문에 일어나는 국제 폭력 범죄 때문에 해결책을 찾고 있습니다. 우리가 살펴본 바와 같이 각국은 경찰력을 동원해

브라질 경찰이 한 남자를 붙잡았다. 정부 관계자 약 200여명이 투입된 이 마약 단속 작전으로 한 달 동안 코카인을 750킬로그램까지 생산할 수 있는 코카인 공장이 폐쇄되었다.

규모가 큰 마약 조직을 소탕하려는 노력을 하지요. 세계 각국의 많은 사람이 마약의 위험성을 알리고 교육하는 일이 중요하다고 생각합니다. 특히 젊은이들을 위한 교육이 더 많이 시행되기를 바라지요. 어떤 사람들은 마약을 합법화하면 폭력 범죄도 멈출 것이라 주장하기도 합니다. 이러한 주장에 대해서는 찬반론이 있습니다.

마약 합법화에 대한 찬반 논쟁

마약을 합법화하자는 주장에 대한 찬반 논쟁이 뜨겁습니다. 하지만 헤로인이나 코카인 같은 강력한 마약이 합법화되어야 한다고 주장하는

마약 카르텔 소속의 십대 암살자

"슈퍼맨이나 제임스 본드가 된 기분이었죠." 당시 19살이었던 미국인 소년 로살리오 레타가 말했다. 레타는 비디오 게임에 관한 이야기를 하는 것이 아니었다. 걸프 카르텔이라는 마약 밀매 집단의 청부를 받고 자신이 저지른 살인에 대한 이야기였다. 레타와 다른 청소년 몇 명은 2년 동안 로즈 제타스 소속이 되어 사람들의 생명을 빼앗은 대가로 돈을 받았다. 로즈 제타스는 당시 걸프 카르텔의 암살 조직 이름이다. 그들은 근사한 집과 차는 물론, 명령이 떨어지기를 기다리는 대가로 주당 약 50만 원이상의 돈을 받았다. 청부 살인에 성공하면 약 5,000만 원과 코카인 2킬로그램을 받았다. 2006년 체포 당시 레타는 자신이 30명 이상을 살해했다고 자백했다.

사람은 거의 없지요. 논란의 대상이 되는 것은 주로 **마리화나**의 사용 및 소지입니다. 마리화나의 합법화에 찬성하는 사람들은 다음과 같이 주장하지요.

찬성론자들은 마약 소지자나 사용자를 처벌하지 않으면 일자리도 생기고 수십만 파운드의 세금도 거둘 수 있다고 주장합니다. 합법적인 마리화나 농장은 다른 농업처럼 직원을 고용하고 세금을 내야만 하기 때문에 국가 전체의 경제에 기여하는 부분이 생긴다는 것이지요. 찬성론자들은 마리화나가 합법화되면 마약 카르텔이 걷어 들이는 수익도 대폭 줄어들 것으로 봅니다. 마리화나는 멕시코에서 수출하는 마약 중 가장

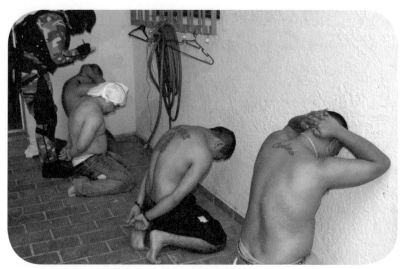

2007년, 미국 정부에 의해 체포된 로즈 제타스 조직원들이다. 사진에는 없지만 엘리자 메디나 로자스라는 무자비한 조직 두목도 함께 체포되었다.

수출 규모가 큽니다. 따라서 찬성론자들은 마리화나의 판매가 합법화되면 사람들이 제대로 된 경로로 마리화나를 살 것이고, 이로 인해 수천억 원대의 불법 마약 거래 시장이 붕괴되어 결국 마약 카르텔은 파산하게 될 것이라고 주장합니다.

　이뿐만이 아닙니다. 찬성론자들은 총기 폭력의 수위도 낮아질 것이라고 예상합니다. 미국에서 일어나는 마약 관련 범죄의 상당수는 마약 카르텔끼리의 싸움이거나 마약 카르텔과 경찰 간의 싸움이지요. 찬성론자들은 마약을 합법화하면 마약 카르텔 간의 이권 다툼이 현저히 줄어들게 되고 결국 관련 범죄도 사라질 것이라고 주장합니다. 그렇게 되면 마약 카르텔이 굳이 미국에서 총을 사들일 필요성도 없어집니다. 저렴하고 합법적인 마약이 잔인한 폭력 범죄를 일으키는 사람의 수를 획기적으로 줄일 수 있다는 말이지요.

반대론자들의 주장도 만만치 않습니다. 마약 합법화에 반대하는 사람들은 이렇게 주장합니다. 첫째, 반대론자들은 마약을 합법화하면 중독자의 수가 엄청나게 늘어날 것이라고 주장합니다. 마약 사용에 대한 처벌이 사라지고 마약을 더 쉽게 구하게 되면, 많은 사람들이 마약을 하고 싶어 할 것이며 중독자도 증가한다고 생각하는 것이지요. 반대론자들은 찬성론자들이 주장하는 것처럼 마약 합법화가 폭력 범죄를 줄일 수 있다고 생각하지 않습니다. 마약이 합법화되어도 마약 카르텔은 밀매 사업을 계속할 것이고 그 힘도 더 막강해질 것이라고 주장하지요. 반대론자들은 마약 생산을 합법화하면 마약 카르텔은 더 많은 마약을 생산할 것이며 다른 합법적인 마약생산자들보다 더 낮은 가격에 마약을 판매해 **암시장**이 형성될 것이라고 주장합니다.

그렇기 때문에 반대론자들은 오히려 마약 관련 폭력 범죄의 수위도 높아진다고 생각합니다. 반대론자들은 마약 중독자가 증가한다는 말은 마약을 필요로 하는 사람들이 늘어난다는 말이며, 마약을 얻기 위해 폭력 범죄를 저지르는 사람의 수가 늘어날 가능성도 함께 증가한다는 주장을 하지요.

마약 합법화의 긍정적 결과

2001년, 포르투갈은 마약을 합법화하자는 생각을 시험해 보기 위해 모든 마약의 소지 및 사용을 처벌하지 않기로 했습니다. 마약 자체는 여전히 불법이지만 포르투갈에서는 마약 때문에 체포된 사람을 감옥에 보내지 않습니다. 그 대신 **재활 프로그램**을 통해서 상습적인 마약 사용 습관을 없애도록 하지요.

이 아이디어가 나왔을 당시 일부 정치인과 시민들은 포르투갈이 마약 중독자들의 '마약 관광지'가 되어 온갖 끔찍한 결과가 파생될 것이라고 생각했어요. 국제 마약 카르텔이 마약 거래의 권리를 주장하고, 이로 인해 마약 관련 폭력과 살인 사건이 늘어날 것이라고 예측하는 사람도 많았습니다.

그러나 10년 뒤, 이런 예측 중 현실이 된 것은 아무것도 없었습니다. 오히려 포르투갈의 마약 사용률은 줄어들었으며 마약 관련 폭력 범죄도 감소했지요. 살인과 가정 폭력 사건은 물론 총기와 칼 관련 범죄도 줄어들고 있습니다. 이러한 긍정적인 변화가 오로지 마약 사용자를 처벌하지 않기로 결정했기 때문만은 아니겠지만 영향을 받았다는 점은 분명합니다.

마약 합법화와 암스테르담

네덜란드의 도시 암스테르담을 예시로 들며 마약 사용을 처벌하지 않으면 심각한 문제가 발생한다고 주장하는 사람도 있습니다. 네덜란드에서 마리화나와 해시시를 판매하는 것은 **위법**입니다. 하지만 예외가 있습니다. 네덜란드 정부는 엄격한 법률에 따라 커피숍에서 마리화나와 해시시를 판매할 수 있게 허용하고 있습니다. 법률의 내용을 간단히 살펴보자면, 일단 네덜란드에서는 법에 따라 마약에 대한 광고가 전

마약을 합법화하는 데 찬성하는 사람들은 마약 합법화 정책이 성공한 포르투갈을 대표 사례로 든다.

면 금지됩니다. 광고 때문에 마약 오남용에 대한 경각심이 사라질 수 있기 때문이지요. 둘째, 강한 마약이나 술과 함께 판매하는 행위는 금지됩니다. 다른 종류의 약물과 섞어서 복용했을 때 생길 수 있는 문제를 방지하기 위해서 생긴 조항이지요. 셋째, 18세 미만에게는 마약을 판매할 수 없습니다. 이 조항은 어린 학생들이 순간적인 충동으로 마약을 **오남용**할 가능성이 있기 때문에 생겼습니다. 이 밖에 마약 사용으로 인해 사회적 물의를 일으켜서는 안 된다거나 5그램 이상의 마약은 판매할 수 없다는 조항으로 마약의 사용과 판매를 관리하고 있지요.

최근까지만 해도 암스테르담에서는 마약 관련 폭력 사건이 그리 많이 발생하지는 않았습니다. 마약에 관한 암스테르담의 관대한 정책은 마약 사용을 처벌하지 않는 것이 얼마나 긍정적인 결과를 이루어낼 수 있는지 보여주는 대표적인 사례로 손꼽혔지요. 그러나 최근 몇 년간 암스테르담의 마약 관련 범죄는 증가하는 추세입니다.

2005년 이후 암스테르담에서는 마약 관련 살인 사건이 25건 이상 일어났는데 그 대부분은 마리화나 재배업과 관련이 있었습니다. 마리화나를 소규모로 재배하는 사람들이 마리화나 재배 사업으로 이익을 챙기려는 갱단에게 살해당한 사건이지요. 갱단이 마리화나 재배업자들을 살해한 이유는 이 사업이 연간 약 3조 6,000억 원에 달하는 외화를 벌어들이기 때문이었어요. 소규모 농장의 마리화나 재배인들은 신변을 보호하기 위해 무기를 사거나, **부비트랩**을 설치하거나, 맹견을 기르기

최근 네덜란드에서 마약 관련 폭력 사건이 발생했는데도 이들 커피숍 때문에 여전히 암스테르담은 세계적인 마약 관광지로 불리고 있다.

도 합니다. 네덜란드 경찰은 현관 매트 아래에 함정을 파고 날카로운 말뚝을 심어 놓은 집을 발견한 적도 있었지요.

이러한 폭력 범죄 때문에 문을 닫은 커피숍도 있습니다. 하지만 대부분의 네덜란드 사람들은 폭력 범죄가 일어났다고 해서 꼭 법이 바뀌어야 하는 것은 아니라고 생각합니다. 암스테르담에서는 현재도 마약을 판매하는 커피숍이 운영되며, 관광객들이 끊임없이 방문하고 있습니다.

찬성 VS 반대

범죄 문제를 해결하는 간단한 방법이 있다. 법을 철저히 따르고, 법을 지키지 않는 사람은 처벌하는 것이다.

– 러시 림보 미국의 정치평론가

마약 중독을 범죄로 취급해서는 안 된다. 그것은 건강 문제로 취급해야 한다. 우리는 알코올 중독자를 감옥에 보내지 않는다. 그러나 해마다 5만 명의 마약 중독자가 감옥에 간다.

– 랄프 네이더 미국의 시민운동가

간추려 보기

- 불법 마약 거래는 전 세계적으로 폭력 범죄와 긴밀히 연관된 경우가 많다.
- 오늘날 세계에서 가장 크고 위험한 마약 밀매 조직은 멕시코 마약 카르텔이다. 이들은 미국은 물론 유럽과 중미에서도 범죄를 저지른다.
- 마리화나와 같은 경미한 종류의 마약에 대해서는 처벌 여부를 두고 찬반 논쟁이 벌어지기도 한다. 마약 합법화의 찬성, 반대론자들은 각각 포르투갈과 네덜란드의 예를 든다.

5
CHAPTER

총기 규제에 대한
찬반 논쟁

세계 각국은 총기에 대해 각기 다른 정책들을 시행합니다. 어떤 나라는 총기를 엄격하게 규제해서 총기 관련 강력 범죄의 가능성을 완전히 없애려고 노력하고 어떤 나라는 각 개인에게 총기 소유의 자유를 최대한 보장합니다. 과연 자기 자신을 지킬 권리로서 총기 소유권을 최대한 보장하는 것이 정답일까요? 아니면 총기 규제가 총기 관련 폭력 범죄를 줄이는 최선의 방법일까요?

교내 총기 사건이나 갱단 학살과 같은 폭력적인 총기 범죄에 대한 기사를 읽으면, 사람

들은 대부분 문제 해결을 위한 대책 마련이 시급하다고 생각합니다. 하지만 어떤 것이 총기 관련 폭력 범죄를 줄이는 최상의 방법일까요?

총기 규제를 대하는 다양한 시각

총기 규제라는 이슈는 뜨거운 찬반 논쟁을 불러일으킵니다. 어떤 사람들은 총기 때문에 폭력이 발생하므로 총기 소지를 전면 금지해야 한다고 생각하지요. 스포츠와 사냥에서는 총이 매우 중요하기 때문에 경우에 따라 총기 소지가 허가되어야 한다고 주장하는 사람들도 있습니다. 그런가 하면 총기 소유권은 정부가 규제해서는 안 되는 개인의 자유라는 의견도 있지요.

이렇게 사람들의 의견이 다양하다보니 의견을 하나로 완전히 통일하기는 어렵습니다. 하지만 전 세계 대부분 국가는 아주 엄격하게 총기 규제법을 시행합니다. 치안을 위해 총기 소지를 법률로 허가, 규제하는 방법은 몇 가지가 있습니다. 가령 영국, 스페인, 이탈리아, 독일, 프랑스, 네덜란드의 경우에는 총기 소지 **면허**를 가진 사람만이 총기를 소유할 수 있지요. 면허 응시 자격 자체도 사냥꾼이나 사격 선수에 한해서 주어지는 경우가 많습니다. 게다가 대부분의 국가가 총기 등록을 의무로 정해 놓았습니다. 이러한 법을 시행하는 나라는 다른 나라에 비해서 총기 범죄가 더 적게 일어나는 편입니다.

대부분의 국가는 불법으로 총기를 소지하거나 판매하는 사람을 처벌합니다. 총기 소유주는 이 법을 환영하지요. 총기를 사용하는 범죄자는 처벌하되 총기 소유에 대한 법적 권리는 제한하지 않기 때문입니다. 이 법 때문에 범죄자들이 좀 더 무거운 처벌을 받게 되는 것은 분명한 사실입니다. 그렇지만 이 법이 길거리에서 총이 아예 사라지도록 할 수 있는 것은 아닙니다.

알아두기

전 세계 일부 지역에서는 사냥을 일상의 한 부분으로 여긴다. 이런 곳에서는 대대로 사슴과 곰 같은 동물을 사냥해 왔고, 그 전통은 대대로 전승되어 왔다. 사냥할 권리를 지지하는 사람들은 총이 일정 지역 내에서 동물의 개체수가 지나치게 늘어나지 않도록 조절하는 중요한 도구라고 주장한다. 게다가 사냥꾼들이 그 지역에 와서 묵을 곳을 찾고, 끼니를 해결하고, 물건을 구입하는 등 경제적 활동을 하기 때문에 좋은 사냥터가 있는 지역의 경우에는 사냥철에 어떠했는지에 따라 지역 경제가 좌우되기도 한다. 예를 들어 미국 미시간 주의 경우 2006년 한 해 동안 사슴 사냥으로 벌어들인 수익만 해도 500만 달러에 달한다.

필리핀 마닐라의 군인들이 퍼레이드 천막 안에 있다. 최근 자료에 따르면 아시아에서 총기와 관련한 사망 사건이 가장 많이 발생한 나라는 필리핀이다. 이 때문에 필리핀에서는 다른 나라에 비해 상대적으로 느슨한 총기 단속법을 놓고 열띤 논쟁이 펼쳐졌다.

영국의 엄격한 총기 규제와 총기 난사 사건

영국은 총기를 철저히 규제하는 나라에 속합니다. 세계에서 가장 엄격한 총기 규제법을 시행하는 나라인 영국에서는 합법적으로 총기를 소지할 수 있는 사람이 매우 드물다고 합니다.

하지만 영국의 총기 규제가 과거에도 이렇게 엄격했던 것은 아닙니다. 1980년대 후반까지만 해도 영국은 총기 소지에 꽤 관대한 태도를 보였어요. 그러다 두 건의 극악무도한 대학살 사건이 발생하면서 총기에 대한 정부의 태도가 완전히 변하게 되었지요. 이 두 사건으로 인해 영국 정부는 곧장 총기류의 소지를 금지하는 법률을 차례로 통과시켰습니다.

그 두 사건 중 한 사건이 바로 헝거포드 총기 난사 사건입니다. 영국 헝거포드의 조용한 마을에서 일어난 잔혹한 사건이었지요. 처음에는 아무도 마을을 어슬렁거리는 지저분한 군복 차림의 남자에게 눈길을 주지 않았습니다. 그런데 갑자기 거리에 총성이 울리기 시작했어요. 군복 차림의 남자가 마을 주민들에게 무차별로 총기를 난사한 것입니다. 남자의 이름은 마이클 라이언이었고, 평소 이웃들에게는 총에 관심이 많은 조용한 인물로만 알려져 있었지요.

희생자 중에는 경찰관도 있었고 아이들과 함께 소풍을 나온 여성도 있었습니다. 범행을 저지른 마이클 라이언의 어머니도 죽은 채 발견되었습니다. 아들인 마이클의 총에 맞은 첫번째 희생자로 추측되었지요. 경찰이 출동해 그때는 이미 16명이 사명하고 15명이 부상을 당한 뒤였어요. 마이클은 경찰에 붙잡히기 직전 스스로 목숨을 끊었습니다.

이 같은 비극이 일어난 뒤, 영국 정부는 반자동 및 펌프 연사식 소총은 물론 펌프 연사식 짧은 산탄총, 자동 장전 소총 등을 금지하는 총기 규제법의 수정안을 통과시켰습니다.

다른 사건은 1996년 3월 13일 스코틀랜드 던블레인에서 일어났습니다. 이른바 던블레인 총기 난사 사건이지요. 당시 스카우트 단장이었던 토마스 해밀턴은 던블레인의 한 학교 체육관에 난입했습니다. 체육관에는 대여섯 살 정도 되는 아이들이 수업을 받고 있었지요. 해밀턴은 아이들을 향해 권총을 난사하기 시작했어요. 그런 뒤 복도를 지나 교실로 가서 다른 아이들에게 총을 쏘아댔습니다. 총성이 멎은 지 얼마 지나지 않아 해밀턴은 체육관에서 스스로 목숨을 끊었습니다. 해밀턴의 총에 맞은 학생 16명과 선생님 1명이 목숨을 잃었고, 아이들 12명이 부상을 당했지요. 그는 권총 6자루를 가지고 있었는데 모두 합법적으로 소지한 것이었으며 총기 소지 면허도 가지고 있었다고 합니다.

영국 역사상 최악의 폭력 범죄 사건이었던 이 던블레인 총기 난사 사건을 계기로 이듬해인 1997년 영국 정부에 의해 피스톨 및 22구경 총을 포함한 모든 권총의 소지를 금지하는 법이 통과되었습니다.

생각해 보기

2010년 6월 2일, 영국 북서부의 컴브리아에서 영국인들의 치를 떨게한 대학살이 발생했다. 택시 운전사인 데릭 버드가 총을 난사해 12명이 사망하고 11명이 부상을 당한 것이다. 이 사건은 컴브리아 총기 난사 사건으로 명명되었다.

몇몇 단체는 이에 대한 조치로 총기 규제법을 더 강력히 시행할 것을 요구했다. 하지만 데이비드 캐머런 영국 총리는 이 같은 요구에 대해 "감정적으로 대처해서는 안 된다."고 잘라 말했다.

어떻게 생각하는가? 컴브리아 대학살과 같은 폭력적인 총기 사건에 정부는 어떻게 대처해야 할까? 더 엄격한 새로운 법이 해결책일까?

미국의 느슨한 총기 규제법

총기 규제에 관해 영국과 정반대 입장을 취하는 나라는 미국입니다. 미국의 일부 총기 관련 법규는 세계에서 가장 느슨하지요.

미국에서는 총을 합법적으로 소지하고 싶으면 **범죄 기록 조회** 같은 기본적인 절차 몇 가지만 거치면 됩니다. 미국에서는 법적인 규제로 인해 총을 구하기 어려운 사람이라도 조금만 수고하면 합법적인 경로로 총을 구입할 수 있습니다. 미국에서는 총기의 판매와 소유 및 사용을 규제하는 법을 각 주가 자율적으로 제정합니다. 즉, 자신이 살고 있는 주보다 규제가 더 느슨한 주에 가면 쉽게 총을 구입할 수 있다는 뜻이지요.

총기 박람회도 사람들이 손쉽게 총을 살 수 있는 인기 행사입니다. 이러한 행사에서는 총기 판매 면허를 갖고 있는 판매자가 주 정부가 제정한 총기 규제법에 따라 총을 판매하지요. 하지만 주에 따라 무면허 판매자와 일반 시민이 총기 박람회에서 총을 거래할 수 있는 곳도 있습니다. 이때 판매자는 총기 규제법을 따르지 않아도 됩니다. 이러한 판매자는 공격용 무기, 권총, 산탄총, 소총, 심지어 군용 무기까지 팝니다. 이들은 별도의 서류를 작성하라고 요구하지도 않고 범죄 기록 조회도 없이 그저 현금만 내면 무기를 내주지요.

오랜 시간 동안 상당수의 미국인이 이러한 법률 중 많은 부분을 수정해야 한다고 주장해 왔습니다. 하지만 '총기 소지권'은 미국 역사의 일부분으로 인식되고 있으며, 미국 헌법이 보장하고 있는 권리이기 때문에 총기 규제 문제는 항상 뜨거운 논쟁거리입니다. 다른 나라의 경우와 마찬가지로 미국에서도 총기 관련 사고가 일어날 때마다 정부와 시민들이 총기 규제에 대해 논의합니다. 하지만 미국에서는 이 주제에 관한 합의점을 찾기가 힘들어요.

총기 사건과 총기 소지율

세계 각국은 총기에 대해 각기 다른 정책을 시행하고 있습니다. 어떤 나라는 총기를 엄격하게 규제해서 총기 관련 강력 범죄의 가능성을 완전히 없애려 노력하고 있는가 하면, 또 어떤 나라는 자신을 스스로 지킬 권리를 존중한다는 취지에서 각 개인에게 총기 소지의 자유를 최대한 보장합니다. 많은 전문가들이 총기 소지율이 높아질수록 총기 관련 범죄 건수도 증가한다고 지적하지만, 최근에는 이러한 의견에 반론을 제기하는 사람들의 주장도 만만치 않지요. 과연 총기 사건과 총기 소지율은 서로 관련이 있는 걸까요? 해답을 얻기 위해 총기 소지의 자유를 보

집중탐구 미국의 수정 헌법 제2조

미국 수정 헌법 제2조는 다음과 같다. "잘 규율된 민병대는 각 주의 안보에 필수적이므로 무기를 소장하고 휴대할 시민의 권리는 침해될 수 없다." 총기 소지권을 지지하는 사람들은 이 조항을 총기 소지권이 개인적 권리이며 침해되어서는 안 된다는 의미라고 해석한다. 반면 총기 규제법을 주장하는 사람들은 군인은 무장할 권리가 있지만 일반 시민은 그렇지 않다는 의미라고 해석한다. 이 수정 헌법의 정확한 해석에 대한 논의는 물론, 1791년 공표된 이 법안을 오늘날의 현실에 어떻게 적용해야 할지에 대한 논의 역시 앞으로 계속될 것이다.

사례탐구 컬럼바인 총기 난사 사건과 총기 박람회

1999년 4월, 미국 콜로라도 주에 살던 에릭 해리스와 딜런 클레볼드라는 두 남학생이 학교에서 총기를 난사해 12명이 숨지고 20명 이상이 부상을 입었다. 학생들이 사용한 총기 중 일부는 총기 박람회에서 구입한 것이었다. 에릭과 딜런은 직접 총을 사려고 했지만 18세 미만이라는 이유로 거절당했다. 두 남학생은 총기 박람회에 참가한 판매상들에게 18세 이상인 친구와 함께 오라는 말을 듣고서 행동으로 옮겼다. 로빈 앤더슨이라는 여학생이 총을 구입하는 데 기꺼이 도움을 주었다. 로빈은 개인 판매업자만 찾아갔다. 그저 18세 이상이라는 사실만 증명하면 끝이었다. 두 남학생이 총을 고르면 로빈이 그 총을 전부 구입했다. 의심하는 사람은 아무도 없었다. 에릭과 딜런이 사건 당시 난사한 총알은 900여 발에 달했다.

▍컬럼바인 고등학교에 있는 보안 카메라에 찍힌 에릭과 딜런의 모습이다.

장하고 있는 나라의 사례를 살펴보고자 합니다.

우선 미국의 사례를 살펴봅시다. 미국인은 인구 100명당 88명꼴로 총기를 소유하고 있습니다. 총기를 소지할 권리에 대한 법률은 주마다 각각 다르지만 대부분의 사람들은 법적으로 총을 소유할 권리가 있습니다. 2006년에 미국에서 발생한 전체 살인 사건 중 68퍼센트가 총기 사건이었습니다.

핀란드에서는 인구 100명당 45명꼴로 총기를 가지고 있습니다. 15세 이상이면 누구나 총기 면허에 응시할 수 있습니다. 총을 소지한 사람들은 대부분 전문 사냥꾼이거나 사격 및 사냥 클럽의 회원이지요. 하지만 핀란드에서 총기 사건이 일어나는 경우는 드물다고 합니다. 그 이유는 핀란드인들이 보유한 총기 대부분이 권총 같은 개인 호신용 무기가 아니라 사냥용 총이기 때문입니다.

스위스인들은 인구 100명당 46명꼴로 총기를 보유하고 있습니다. 스위스 남성들은 병역 의무를 이행해야 하는데, 이들에게는 총이 지급되며 이때 받은 총은 개인이 보유합니다. 병역 의무를 이행하지 않는 일반 시민들이 총기를 소유하는 것은 법적으로 규제하지요. 스위스 시민들은 총기 소지를 국방의 의무를 이행하는 과정으로 인식합니다. 총기 사건은 거의 일어나지 않아서 그에 대한 공식 기록은 없습니다.

다른 지역은 어떨까요? 예멘 사람들은 인구 100명당 55명꼴로 총기를 소유하고 있습니다. 총기 소지를 제한하는 법은 없어요. 2005년 한 해에 3만 5,000건 이상의 총기 관련 사건이 일어나는 등 총기 범죄가 급증하고 있지요. 세르비아는 인구 100명당 37명꼴로 총기를 소유하고 있습니다. 1990년대 세르비아와 코소보 간에 벌어진 코소보 분쟁 때문에 총기 보유자의 수가 치솟았지요. 현재 세르비아에서 민간이 보유한 총기의 규모는 300만 정 이상으로 추정됩니다. 그러나 총기 사건 발생률은 매우 낮습니다. 2006년에 총으로 사망한 사람은 47명에 불과하지요.

이렇듯 **총기 소지율**이 높은 나라라고 해서 총기 사건이 무조건 많이 일어나는 것은 아닙니다. 단순히 사람들이 총기를 소지할 수 있기 때문에 총기 사건이 많이 발생한다고는 말할 수 없는 셈이지요. 총기 사건이 일어나는 원인은 더 복잡하고 불분명합니다. 총기 소지율이 높아지는 것이 꼭 범죄 발생율을 높이는 것은 아니라고 주장하는 사람들은 바로 이러한 점을 지적합니다.

그러나 엄격한 총기 규제법을 제정한 영국의 사례나 한국과 일본 같이 총기 소지가 전면 금지된 국가의 사례를 살펴보면 총기 소지를 금지하는 것이 총기 관련 범죄율을 줄이는 데 매우 유의미한 역할을 한다는 사실을 알 수 있습니다. 영국의 경우 총기 규제법을 엄격히 시행한 이후 총기 관련 사망률이 크게 줄어들었고, 한국과 일본의 경우 총기 사건이 일어나는 일은 거의 없지요.

현재도 세계 각국은 총기 규제와 범죄율 사이의 관련성에 대해 치열하게 논쟁 중입니다. 과연 총기 소지율과 총기 관련 범죄율은 아무런 관련이 없을까요? 정말 총기 규제가 자신을 스스로 지킬 권리를 침해할까요? 혹시 '자신을 스스로 지킬 권리'라는 말이 총기 범죄로부터 국민을 보호해야할 국가의 책임을 슬며시 개인에게 미루고 있다는 것의 다른 말은 아닐까요?

찬성 VS 반대

총기 규제는 피해자에게서 자신을 방어할 무기를 빼앗는 일이다. 나아가 총기 규제법에 신경도 쓰지 않을 살인자나 테러분자의 코앞으로 피해자를 내모는 일이다.

– 마이클 배드내릭 미국의 정치가

정치적으로 진보적인 사람들은 강력한 총기 규제법을 만들면 마치 모든 문제가 해결될 것처럼 말한다. 그러나 나는 그렇게 생각하지 않는다. 아니다. 생각이 바뀌었다. 모든 문제가 해결될 것이다. 길거리에 총이 없어지면 총기를 둘러싼 모든 문제가 해결된다는 것은 의심할 여지가 없는 사실이다.

– 마이클 무어 미국의 시민운동가 겸 영화감독

- 총기 규제에 대해서는 뜨거운 찬반 논쟁이 존재한다. 총기 때문에 폭력 사건이 생긴다고 주장하는 사람들과 총기 소지의 권리를 정부가 지나치게 규제해서는 안 된다고 주장하는 사람들의 의견이 맞서고 있다.
- 대부분의 국가는 불법으로 총기를 소지하거나 판매하는 경우 처벌한다. 그러나 이러한 법은 불법으로 총기를 사용한 범죄자를 처벌하지만 총기 소유권까지 제한하지는 않는다.
- 총기 소유의 자유를 개인에게 더 많이 보장하는 나라라고 해서 반드시 총기 관련 폭력 사건이 더 많이 발생하는 것은 아니다. 반면, 엄격한 총기 규제법을 제정한 영국의 사례나 총기 소지가 전면 금지된 일본과 한국의 사례를 살펴보면 총기 소지를 금지하는 것이 총기 관련 범죄율을 줄이는 데 매우 유의미한 역할을 한다는 사실을 알 수 있다.

폭력 범죄가 없는
세상은 가능할까요?

폭력 범죄를 예방하기 위해서 세계 각국은 부단한 노력을 하고 있습니다. 거리에서 무기를 없애기 위해 불심 검문을 한다거나, 총기 되사기 프로그램과 같은 범죄 예방 정책을 시행하고 있지요. 청소년들이 범죄에 노출되기 전에 교육 프로그램을 활용해서 범죄 예방 캠페인을 벌이기도 합니다.

지금 이 순간에도 폭력 범죄는 세계 곳곳에서 많은 사람에게 두려움을 주고 있습니다. 그렇다면 폭력 범죄를 막는 가장 효과적인 방법은 무엇일까요? 이에 관해서는 사람마다 생각이 다릅니다.

거리에서 무기 없애기

범죄자의 손에서 무기를 없애는 일은 사법 기관이나 정부가 수행해야 할 최우선 과제입니다. 이를 위해 전 세계 국가는 다양한 방법을 강구했지요. 우선 영국은 '불심 검문법'을 통해 사람들이 거리에 칼을 들고 돌아다니지 못하게 했습니다. 미국, 캐나다, 호주는 '총기 되사기 프로그램'을 통해 범죄 예방 효과를 크게 거두었지요. 남아프리카공화국에서는 민간에서 거두어 들인 불법 무기가 군대나 갱단 또는 다른 폭력 범죄자에게 되팔리는 일이 없도록 수거한 휴대용 무기 전체를 사법 기관이 정기적으로 파기합니다.

동유럽 국가는 무기와의 전쟁을 벌이느라 애쓰고 있습니다. 1990년대 보스니아 전쟁 이후 동유럽에는 수백만 대의 무기가 방치되고 있어

2007년 우크라이나의 군사 기지에서 한 무더기의 소총을 파기하고 있다. 우크라이나 정부의 이러한 노력으로 2년 동안 40만 정 이상의 총기가 소각되었다.

요. 크로아티아에서는 2008년 3월에만 휴대용 무기 2만 5,000정을 파기했습니다. 2005년 이후 보스니아 헤르체고비나에서는 3,600만 톤 이상의 **탄약**을 파기했지요.

폭력 근절하기

거리에서 무기를 없애려는 노력만으로도 폭력 사건을 어느 정도 줄일 수 있습니다. 하지만 정말 큰 효과를 보려면 폭력을 완전히 뿌리 뽑을 수 있는 프로그램이 필요하지요. 아이들과 지역 사회가 동참하는 프로그램이 바로 그러한 역할을 할 수 있습니다. 아이들과 청소년이 총기 범죄나 갱단의 폭력에 노출되기 전에 미리 교육함으로써 범죄자로 자라는 것을 미연에 방지하는 프로그램이지요. 통계에 따르면 불우하거나 폭력적인 가정환경에서 자란 사람들이 폭력 범죄를 더 많이 저지릅니다. 그래서 많은 프로그램이 이러한 가정에 있는 아이들을 대상으로 진행됩니다.

학생들은 국가나 지역 사회에서 시행하는 교육 프로그램을 통해 총과 칼의 위험성에 대해 배웁니다. 영국 런던의 학교에서는 청소년에게

사례탐구 스코틀랜드의 폭력 범죄 예방 정책

스코틀랜드가 폭력 범죄를 줄이기 위해 실행한 정책들은 대체로 큰 성공을 거두었다. 성공한 정책 중에는 '불법 무기 자진 신고 기간' 제도도 포함된다. 이 기간 동안에는 국민이 자발적으로 당국에 총과 칼을 반납하고 당국은 이에 대해 아무 책임도 묻지 않는다. 하지만 그것이 전부는 아니다.

스코틀랜드의 도시 글래스고에서는 총기와 칼 관련 범죄가 급증했다. 이에 스코틀랜드 경찰은 총기 및 칼 관련 범죄 소탕에 초점을 맞춘 특별 전담반을 구성했다. 특별 전담반은 우선 가난, 실직 등 다양한 사회적 요인 중 특히 어떤 것 때문에 폭력 범죄가 발생하는지 그 원인을 파악했다.

특별 전담반은 사회적 요인을 분석한 정보를 컴퓨터 프로그램에 넣어서 다른 지역에서도 같은 패턴이 나타나는지 살펴보았다. 이 연구를 토대로 경찰은 문제의 원인이 무엇인지 파악하고, 해결책을 연구하고자 해당 지역을 찾아갔다. 글래스고 경찰은 이 소프트웨어를 활용해 갱단이 가장 활발하게 활동하는 곳과 폭력 범죄가 가장 많이 일어나는 곳을 알 수 있었다.

무기 자진 신고 기간과 경찰 병력 증강 대책, 지역 봉사 프로그램이 통합적으로 작용한 결과, 스코틀랜드는 폭력 범죄를 줄일 수 있었다.

총과 칼로 공격당하는 사람의 그래픽 사진을 보여주는 워크숍을 엽니다. 학생들은 이 워크숍을 통해서 갱단이 저지르는 폭력의 본질을 깨닫게 되지요.

'평화건설 프로그램'은 호주와 미국에서 학생들에게 리더십 및 폭력 대처기술을 가르치는 데 활용되는 폭력 방지 프로그램입니다. 이 프로그램을 통해 아이들은 다른 사람 칭찬하는 법, 왕따 피하는 법, 다른 사람 존중하는 법, 다른 사람 돕는 법 등을 배우지요.

폭력 범죄를 없애자는 말은 단순히 집이나 학교, 지역 사회에서 폭력을 없애자는 의미에 그치지 않습니다. 폭력을 영원히 없애자는 말은 이 세상 어디서도 폭력을 찾아볼 수 없도록 만들자는 뜻이니까요. 그렇기 때문에 청소년을 대상으로 한 캠페인이나 교육 프로그램은 보다 근본적인 **범죄 예방책**이라고 할 수 있습니다.

지역적 대책

세계 각국은 폭력 범죄를 예방하기 위해서 부단히 노력합니다. 특히 지역 사회에서 시행하는 프로그램은 폭력 범죄 예방에 더 직접적인 도움을 줍니다. 그중에서 특히 성공을 거둔 프로그램은 청소년이 폭력 범죄에 과도한 관심을 가지기보다는 긍정적인 자세로 꿈에 열중하도록 돕는 프로그램입니다.

영국 북동부 지역에서 운영되는 '청소년 포용과 지원을 위한 위원회(YISP, Youth Inclusion and Support Panel)'는 8세에서 13세까지의 학생들을 대상으로 마련된 프로그램입니다. 학생들이 범죄자의 길로 들어서기 전에 미리 범죄 예방 프로그램을 접하는 것이 효과적이라는 생각에서 기획되었지요. 이 프로그램은 아이들과 그 가족을 만나서 격려하고, 아이들에게 스포츠 등의 여가 활동을 해 볼 것을 권합니다.

아이들에게 직접 공연에 참여하거나 공연 스태프로 일하도록 유도하는 것 역시 좋은 방법입니다. 아이가 자신의 흥미를 찾고 문제 학생이 되지 않게 하지요. 맨체스터 부근에 거주하는 미키는 전과 기록이 있었습니다. 그러나 미키는 혼자 힘으로 도심 빈민가 출신의 아이들과 함께 일할 수 있는 자신만의 공연 기획사를 세웠습니다. 미키는 아이들을 극장에서 일하게 하는 것이 "문제 환경에서 멀어지게 하고 아이들에게 특별한 일거리도 주는 셈"이라고 말합니다.

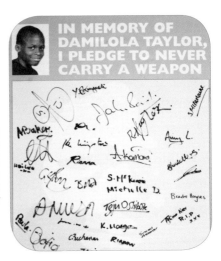

"다미롤라 테일러를 기억하며 나는 절대 무기를 가지고 다니지 않을 것을 선서합니다."라고 적혀 있다. 런던에 살던 다미롤라 테일러는 도서관에서 집으로 돌아오는 길에 칼에 찔려서 사망했다. 당시 다미롤라의 나이는 겨우 10살이었다. 범행을 저지른 아이들은 다미롤라보다 고작 몇 살 많은 남학생들이었다.

미국의 플로리다 주에는 '스타즈(STARS, Success Through Academic and Recreational Support)'라는 프로그램이 있습니다. 프로그램 활동의 일환으로 문제 학생들을 위해 스포츠, 미술, 댄스, 음악 활동을 지원하고, 관련된 수업을 진행하는 대규모 놀이 시설을 지었습니다. 그러자 11세에서 14세에 해당하는 청소년 범죄율이 3분의 1 가량 줄어들었습니다. 이보다 더 놀라운 사실은 11세에서 12세까지의 아동 중 전과 기록이 있는 아이들의 재범율이 64퍼센트 이상 감소했다는 것입니다.

생각해 보기

미국 정부는 폭력 범죄를 줄이기 위해 여러 가지 대책이 강구했다. 그중 한 가지가 범죄자에게 무거운 형벌을 내려 엄중히 처벌하자는 방안이다. 이 의견은 많은 사람에게 지지를 받고 있지만 실제로 큰 효과를 거두지 못했다. 왜 무거운 처벌을 내려도 범죄는 줄지 않을까?

폭력 범죄가 넘쳐나는 세상

오늘날 우리 눈앞에 펼쳐진 세상은 폭력이 난무하는 곳으로 느껴집니다. 우선 주요 **엔터테인먼트 매체**에 폭력이 가득하지요. 텔레비전의 인기 프로그램은 연쇄 살인마의 오싹한 이야기나 도심 총격 사건 속에 숨겨진 갱단의 이야기를 파헤칩니다. 사람들에게 인기를 끄는 영화 역시 총격전을 세세하게 묘사하거나 테러 사건 속에서 빛을 발하는 영웅의 모습을 그리지요. 이런 매체 중에서 가장 폭력적인 것은 아마 비디오 게임일 것

■ 폭력 범죄에 대한 자극적인 문구가 신문 1면을 장식하는 경우가 많다.

입니다. 'GTA(그랜드 테프트 오토, Grand Theft Auto)' 같은 게임에서는 게임 플레이어가 다른 사람을 죽일 때마다 보상을 받지요.

생각해 보기

폭력에 노출되면 폭력 범죄에 무감각해진다고 생각하는 사람들이 있다. 하지만 폭력적인 게임이 감정을 표현하고 해소하는 도구가 되기 때문에 오히려 현실 세계 속 범죄를 예방한다는 주장을 펼치는 사람도 있다. 이에 대해 어떻게 생각하는가? 비디오 게임과 영화의 영향으로 사람들, 특히 아이들이 더욱 폭력적인 행동을 하게 될까?

폭력 범죄와 언론

우리는 엔터테인먼트 매체의 폭력성을 때때로 즐기지만 정작 연쇄 살인이나 총기 난사 사건을 다룬 뉴스를 보면서는 두려움을 느낍니다. 뉴스에서는 매일 잔인한 폭력 사건들이 보도되지요. 신문이나 인터넷, 텔레비전 뉴스를 볼 때 우리는 세상에 폭력 범죄가 넘쳐나고 안전한 사람은 아무도 없다는 느낌을 받아요. 하지만 실제로도 세상이 정말 그렇게 위험한 곳일까요?

다행스럽게도 이 질문에 대한 답은 '아니요'입니다. 세상은 언론 매체를 통해서 느끼는 만큼 위험하지는 않아요. 지구상의 범죄 발생률은 전반적으로 감소하고 있습니다. 폭증하는 폭력 범죄로 고심하는 지역 사회는 사실 그다지 많지 않습니다.

하지만 언론 매체가 실제와는 다른 인상을 심어주고 있지요. 언론 매체는 세상을 떠들썩하게 하는 살인자나, 납치 사건, 갱 폭력과 같은 잔인한 범죄 뉴스를 다른 뉴스보다 더 많이 **보도**하는 경향이 있습니다. 평범하고 일상적인 소식보다는 무섭고 끔찍한 소식이 훨씬 흥미를 자극하기 때문입니다. 사람들이 관심을 끌 만한 소식이 독자나 시청자 수에 큰 영향을 준다는 사실을 모르는 매체는 없으니까요.

폭력 범죄 근절을 위한 대응책

그렇다면 우리는 어떻게 해야 할까요? 폭력 범죄의 심각성을 인식하고 갱단이나 마약과는 관계를 맺지 않도록 현명하게 대처해야 합니다. 앞서 살펴본 것처럼 갱단과 마약은 폭력 범죄와 밀접하게 관련되어 있습니다. 갱단이나 마약과 연루되는 것은 폭력 범죄의 위협 앞에 자신을 내모는 일입니다. 작은 유혹이나 순간의 호기심에 빠져 일으킨 행동이 폭력 범죄의 늪에 우리를 밀어 넣을 수도 있습니다.

갱단이나 마약의 유혹만 조심한다면 우리가 사는 세상이 언론에 비춰지는 것만큼 위험한 곳은 아닐 겁니다. 그렇기 때문에 폭력 범죄에 대해 지나친 공포심을 가질 필요는 없습니다. 막연히 공포에 떨기보다는 우리도 해결에 힘을 보탤 수 있다는 점을 기억해야 합니다. 폭력 범죄의 위험성에 대해 제대로 안다면 이웃들이 올바른 길을 가도록 도울 수 있습니다. 우리 스스로 내가 사는 곳을 더 안전한 곳으로 바꿀 수 있지요.

지금까지 우리는 폭력 범죄의 여러 유형과 전 세계의 범죄 대처 방법 등을 살펴보았습니다. 폭력 범죄를 줄이겠다는 마음은 모두 같겠지만 대처 방법에는 여러 가지가 있었지요. 다양한 의견이 첨예하게 대립하고 있어서 어떤 대처법이 최선인지 고민되기도 합니다. 이를테면 학교 내 폭력 범죄를 막기 위해 나이 어린 학생들에게 무관용 정책으로 일관하는 것이 과연 옳은지, 총기 소지는 허용해야 하는지, 마약 합법화가 폭력 범죄를 줄일 수 있는지에 대해 우리는 이 책을 통해 끊임없이 고민해 보았습니다.

이제는 여러분 나름대로 폭력 범죄에 어떻게 대응하는 것이 좋을지 판단이 섰겠지요. 내가 사는 곳을 더 안전한 곳으로 만드는 해결책은 그러한 고민과 판단을 나누는 것으로부터 출발합니다. 우리 모두가 자유롭게 그러한 생각들을 나눌 수 있을 때 잘못된 범죄 예방 정책에 비판을 가할 수 있지요. 잘못된 범죄 예방 정책으로 인해 생겨나는 피해자들을 구제할 수도 있고요. 나아가 더 올바른 범죄 예방 정책도 제정할 수 있을 테지요.

해결책에 참여한다는 것은 어떤 거창한 행동을 해야 한다는 말이 아닙니다. 우리들 각자가 자기 위치에서 관심을 기울이는 것입니다. 폭력 범죄는 한두 사람의 권력이나 힘으로 해결할 수 있는 문제가 아닙니다. 우리 모두가 폭력 범죄의 피해로부터 서로를 지키려 노력할 때, 비로소 폭력 범죄는 우리 곁에서 사라질 수 있습니다.

간추려 보기

- 세계 여러 국가는 폭력 범죄를 줄이기 위해 불심 검문, 총기 되사기 프로그램, 위험한 무기의 파기 등 다양한 방법을 동원한다.
- 언론은 평범하고 일상적인 소식보다는 사람들의 흥미를 자극하는 무섭고 자극적인 소식을 집중적으로 다루기 때문에 세상이 실제보다 더 위험하다는 인상을 심어주기도 한다.
- 우리는 폭력 범죄의 위험성을 제대로 알고 이웃들에게 전하는 작은 행동으로 우리가 사는 곳을 좀 더 안전하게 변화시킬 수 있다.

용어 설명

강도 폭행, 협박으로 다른 사람의 재물을 강제로 빼앗거나 불법적인 이득을 얻는 행위를 말한다.

걸프 카르텔 멕시코의 마약 밀매 조직. 멕시코 정부조차 손을 쓸 수 없을 정도로 규모가 큰 조직이다.

경범죄 비교적 죄의 무게가 가벼운 정도의 범죄.

대마초 중앙아시아가 원산지인 삼과의 식물로 마약으로 분류되는 마리화나를 만드는 원료가 된다.

마리화나 야생 대마의 잎과 꽃을 건조시켜 만든 마약.

마약 아주 적은 양으로도 강한 진통 효과나 마취 효과를 발휘하며 습관적으로 사용하면 중독성이 생기는 물질을 말한다. 의료 목적으로 사용되는 경우를 제외하고 법률로 사용이 엄격히 제한된다.

면허 일반인에게 흔히 허가되지 않는 특정 행위를 할 수 있도록 허가해 주는 행정 처분.

무관용 정책 사소한 규칙 위반에도 관용을 베풀지 않고 엄격히 처벌하는 규칙.

방범창 범죄를 미리 막기 위해 설치하는 창문.

범죄 기록 조회 과거의 범죄 사실 여부를 조사하기 위해 전과 기록을 열람하는 행위.

범죄 예방책 범죄의 원인을 분석하여 범죄가 일어나는 것을 막기 위해 세우는 대비책.

보도 대중 전달 매체를 통해 일반 사람들에게 소식을 알림.

보안 사회의 안녕과 질서를 유지함.

부비트랩 외견상 안전하다고 여겨지는 물건에 사람이 접근하거나 접촉하였을 때 갑자기 폭발하거나 굉음을 내는 장치. 위장 폭탄의 일종이다.

불심 검문법 경찰이 거동이 수상하거나 죄를 범할 것으로 의심되는 사람을 불러세워 심문할 수 있게 한 법률.

사회 안전망 국민을 질병이나 재해, 빈곤, 실업과 같은 사회적 위험으로부터 지키기 위한 최소한의 제도적 장치.

상해 다른 사람의 몸에 상처를 주거나 해를 끼치는 일을 말한다. 법률적으로는 폭행은 물론 독약을 먹여 건강을 상하게 하는 행위까지 포함한다.

슈퍼 실험실 대규모 마약 제조 공장을 일컫는 말.

암시장 법을 어기면서 몰래 물건을 사고파는 행위가 이루어지는 시장.

엔터테인먼트 매체 신문, 잡지, 텔레비전, 인터넷 등 다양한 미디어를 통해 사람들에게 즐거움을 주는 각종 형태의 문화 상품.

오남용 오용과 남용을 아울러 이르는 말. 오용은 잘못된 방법으로 사용하는 것을 뜻하며 남용은 함부로 마구 사용하는 것을 말한다.

인권 침해 공권력이나 권력을 가진 사람이 인간의 기본적 권리를 훼손하는 일.

위법 법 규범을 위반하는 일. 위법적인 행위는 형사처분, 손해 배상, 범칙금 등 형벌의 대상이 된다.

재활 프로그램 약물 중독이나 장애를 겪는 사람에게서 신체적, 정신적, 사회적 능력을 최대한 끌어냄으로써 정상에 가까운 생활을 할 수 있도록 돕는 활동.

종신형 범죄자를 사망할 때까지 교도소에 가두는 형벌. 무기징역이라고도 부르며 사형제가 폐지된 나라에서는 가장 무거운 형벌이다.

주(州) 국가의 정치적 경계 중 하나로 미국의 워싱턴 주를 예로 들 수 있다.

지역 사회 인간관계 또는 지리적 · 행정적 분할에 의해 형성된 생활 공동체.

촉법소년 범죄를 저지른 10살에서 14살 사이의 청소년. 이 나이 대의 청소년은 범죄를 저질러도 법으로 처벌하는 대신 보호 처분을 받는다.

총기 규제 총기 관련 사건, 사고를 방지하기 위해 국가가 강제적으로 규칙을 정해 국민의 총기 소유와 사용의 권리를 제한하는 일.

총기 소지율 특정 지역의 사람들이 총기를

가지고 있는 비율. 총기 소지율과 자살률, 총기 소지율과 범죄율 등을 비교한 연구가 지속적으로 이뤄지고 있다.

카르텔 물건의 판매와 유통을 마음대로 하거나 제한할 수 있는 힘을 가진 조직이나 기관.

캠페인 한 가지 목표를 이루기 위해 텔레비전, 라디오, 신문, 인터넷과 같은 매체를 동원해 사회 구성원에게 호소하는 활동. 사회적, 정치적 목적을 담고 있는 경우가 많다.

코카인 남미가 원산지인 코카나무의 잎사귀에서 추출하는 물질. 국소 마취 작용, 중추 신경 흥분 작용 등의 약리 효과가 있다. 주로 안과나 이비인후과에서 마취제로 사용하며, 마약으로 분류되어 있다.

탄약 사람, 장비, 건물에 손상을 입힐 목적으로 제작된 폭발물을 이르는 말. 탄알과 화약을 아울러 칭하는 말이다.

표적 접근법 어떤 집단을 선정하여 그 집단에 알맞은 해결책이나 대안을 적용해 문제를 해결하는 방법.

해결책 어떠한 일이나 문제 따위를 해결하기 위한 방책.

연표

1667년	프랑스 루이 14세가 당시 유럽 최대 도시였던 파리의 치안 유지를 위해 유럽에서 처음으로 중앙 경찰대를 조직했다.
1829년	영국 로버트 필 내무부 장관에 의해 수도경찰청법이 제정되었다. 수도경찰청을 창립함으로써 영국 경찰의 기초를 확립했다.
1838년	미국 보스턴 시에 미국 최초의 경찰국이 창설되었다. 뉴욕, 필라델피아에서 잇따라 근대적 시 경찰국이 창설되었다.
1871년	일본 동경부에서 나졸이라는 이름의 근대적 경찰 3,000명이 최초로 조직되었다.
1894년	갑오개혁을 기점으로 우리나라에 근대적 경찰 제도가 확립되었다.
1914년	모나코 왕궁에서 왕실 귀중품 도난 사건이 발생하자 모나코 왕자 알베르 1세가 14개국 법학자와 경찰관을 초청해 '국제 형사 경찰 회의'를 열었다. 이는 오늘날 인터폴의 모태가 되었다.
1920년	제1차 세계대전이 끝난 뒤 연합군의 요구에 따라 독일이 중앙집권적 경찰 제도를 해체했다. 그 뒤 히틀러가 집권하면서 각 주의 권한을 중앙 정부에 귀속시켰고, 1933년에 게슈타포(Gestapo)라는 악명 높은 중앙 집권적 비밀경찰 제도를 도입하였다.

1935년 미 연방범죄수사국
(FBI, Federal Bureau
of Investigation)이 창
설되었다.

1945년 미 군정청 경무부에
의해 한국 경찰이 조직되었
다. 9월 16일 최초의 한국인
경찰 177명이 임관 선서를 하고
시가 행진을 했다.

1946년 우리나라에 경찰 전문 학교가 설립되었다. 초대 교장은 김정호다.

1948년 대한민국 정부가 수립되었다.

1950년 6. 25 전쟁이 발발했다. 전쟁 기간 중 경찰력이 동원되었다.

1954년 한국 항공 경찰이 창설되었다. 세스나180 비행기 3대를 도입했다.

1956년 국제 범죄의 빠른 해결과 각국 경찰의 발전을 도모하기 위해 국
제형사경찰기구(International Criminal Police Organization), 일명
인터폴이 설립되었다.

1976년 네덜란드 정부가 상대적으로 중독성이 약한 대마, 환각 버섯 등을
연성마약으로 분류하여 소지와 판매를 부분적으로 허용하였다.

1984년 영국 헝거포드에서 무차별 총기 난사 사건이 벌어졌다. 이 사건
으로 인해 16명의 소중한 생명이 희생되었다.

1990년	10월 13일 제13대 대통령 노태우가 '범죄와의 전쟁'을 선포하였다. 실제로 국내 범죄조직 몇몇을 와해시키는 성과를 거두었으나, 대부분 실적 위주의 수사와 검거에 그쳤다는 비판이 일었다.
2001년	국제 테러 조직 알카에다에 의해 9.11테러 사건이 일어났다. 알카에다의 두목인 오사마 빈 라덴은 자신들과 9.11테러와의 관련성을 부인하다가 2004년 10월, 9.11 테러가 자신들의 소행임을 인정했다.
2007년	4월에 미국 버지니아 공과대학에서 재미 한국인 조승희가 총기 난사 사건을 일으켰다. 이 사건으로 32명이 사망했으며, 29명이 부상을 입었다. 범인은 사건 직후 총기로 자신의 얼굴을 쏴 자살했다.
2014년	멕시코 마약 카르텔의 우두머리인 호아킨 엘 차포 구스만이 탈옥한 지 13년 만에 체포되었다. 구스만은 빈민들에게 일자리와 생활비를 제공해 왔기 때문에 그의 석방을 요구하는 멕시코 국민들의 시위가 발생하기도 했다.

더 알아보기

대검찰청 www.spo.go.kr
국가 최고의 법 집행기관인 검찰의 공식 사이트. 검찰의 역할과 조직 구조 등을 살펴볼 수 있다. 정책 토론과 제안이 가능한 공간도 마련되어 있으며, 범죄와 관련된 통계와 연구 자료도 제공한다.

사이버 경찰청 www.police.go.kr
우리나라 경찰의 업무에 대한 자세한 정보가 담긴 웹사이트. 유실물 신고와 같은 각종 민원 업무를 처리하고 있으며, 경찰의 역사와 계급 체계 같은 정보도 제공한다.

범죄 예방 정책국 www.cppb.go.kr
법무부 소속으로 보호 관찰, 치료 감호, 사회봉사 명령 등의 법집행을 하는 기관이다. 청소년이 범죄를 저질렀을 때의 법 집행과 사회 적응 훈련 등이 어떻게 이루어지는지 살펴볼 수 있다.

경찰 박물관 www.policemuseum.go.kr
2005년 서울 종로에 개관한 경찰 박물관의 공식 사이트. 박물관에 대한 각종 정보와 함께 학교 폭력 예방 교실, 과학 수사 체험 교실 등의 교육 프로그램 안내도 자세히 공개되어 있다.

국립과학수사연구원 www.nfs.go.kr
범죄 수사 증거물에 대한 과학적인 감정과 연구를 담당하는 국가기관이다. 과학수사연구원 내의 법유전자과, 약독마약 분석과, 교통사고 분석과 등에 대한 개략적인 정보를 열람할 수 있다.

찾아보기

내인생의책은 한 권의 책을 만들 때마다
우리 아이들이 나중에 자라 이 책이 '내 인생의 책'이라고 말할 수 있는 책을 만들고자 합니다.

세상에 대하여 우리가 더 잘 알아야 할 교양

35 폭력범죄 어떻게 봐야 할까? (원제:Violent Crime)

앨리슨 라쉬르 글 | 이현정 옮김 | 이상현 감수

초판 발행일 2014년 6월 16일 | 제2쇄 발행일 2023년 10월 9일
펴낸이 조기룡 | 펴낸곳 내인생의책 | 등록번호 제10-2315호
주소 서울시 서초구 나루터로 70, 엠피스센터 212-1호(잠원동, 영서빌딩)
전화 (02)335-0449, 335-0445(편집) | 팩스 (02)6499-1165
전자우편 bookinmylife@naver.com | 카페 http://cafe.naver.com/thebookinmylife
편집장 이은아 | 책임편집 조정우
편집 1팀 신인수 이다겸 이지연 김예지 | 편집 2팀 박호진 진송이 이민해
디자인 최원영 심재원 | 경영지원 김지연 | 마케팅 이성민 서영광

이 책의 한국어판 저작권은 시빌에이전시를 통해
영국 Capstone Global Library 출판사와 독점 계약으로 **내인생의책**에 있습니다.
저작권법에 의해 한국 내에서 보호를 받는 저작물이므로 무단전재와 무단복제를 금합니다

ISBN 979-11-5723-010-5 44300
ISBN 978-89-97980-77-2 44300(세트)

Violent Crime by Allison Lassieur
Under licence to Capstone Global Library Limited.
Text © Capstone Global Library Limited 2012
All rights reserved.
Korean translation copyright © 2014 by TheBookinMyLife Publishing Co
This Korean edition is published by arrangement with Capstone Global Library Limited through Sibylle Books
Literary Agency, Seoul, Korea

책값은 뒤표지에 있습니다. 잘못된 책은 구입처에서 바꾸어 드립니다.

이 도서의 국립중앙도서관 출판시도서목록(CIP)은 e-CIP 홈페이지(http://www.nl.go.kr/ecip)에서 이용하실 수 있습니다.
(CIP제어번호: CIP2014016959)

디베이트 월드 이슈 시리즈

세상에 대하여 우리가 더 잘 알아야 할 교양

전국사회교사모임 선생님들이 번역한 신개념 아동·청소년 인문교양서!

《디베이트 월드 이슈 시리즈 세더잘》은 우리 아이들에게 편견에 둘러싸인 세계 흐름에서 벗어나 보다 더 적확한 정보와 지식을 제공합니다. 모두가 'A는 B이다.'라고 믿는 사실이, 'A는 B만이 아니라, C나 D일 수도 있다.' 라는 것을 알려 주면서 아이들이 또 다른 진실을 발견하도록 안내합니다.

★ 전국사회교사모임 추천도서 ★ 문화체육관광부 우수교양도서 ★ 한국간행물윤리위원회 청소년 권장도서 ★ 서울시교육청 추천도서
★ 보건복지부 우수건강도서 ★ 아침독서 추천도서 ★ 대교눈높이창의독서 선정도서 ★ 학교도서관저널 추천도서

① 공정무역 ② 테러 ③ 중국 ④ 이주 ⑤ 비만 ⑥ 자본주의 ⑦ 에너지 위기 ⑧ 미디어의 힘 ⑨ 자연재해 ⑩ 성형 수술
⑪ 사형제도 ⑫ 군사 개입 ⑬ 동물실험 ⑭ 관광산업 ⑮ 인권 ⑯ 소셜 네트워크 ⑰ 프라이버시와 감시 ⑱ 낙태 ⑲ 유전
공학 ⑳ 피임 ㉑ 안락사 ㉒ 줄기세포 ㉓ 국가 정보 공개 ㉔ 국제 관계 ㉕ 적정기술 ㉖ 엔터테인먼트 산업 ㉗ 음식문맹
㉘ 정치 제도 ㉙ 리더 ㉚ 맞춤아기 ㉛ 투표와 선거 ㉜ 광고 ㉝ 해양석유시추 ㉞ 사이버 폭력